A JUVENTUDE ALÉM DO TEMPO

DRA. EDITH HORIBE
Médica, Ph.D.

DR. KOSE HORIBE
Médico, Ph.D.

A JUVENTUDE ALÉM DO TEMPO

OS 6 PILARES DA SAÚDE PARA DEIXAR VOCÊ MAIS JOVEM POR MAIS TEMPO

Gente
editora

Gerente Editorial
Alessandra Johanna Gelman Ruiz
Editor de Desenvolvimento de Texto
Juliana Nogueira Luiz
Editor de Produção Editorial
Rosângela de Araujo Pinheiro Barbosa
Controle de Produção
Adriane Aoqui de Souza
Preparação
Cissa Tilelli Holzschuh
Revisão
Texto & Arte
Projeto Gráfico, Ilustrações e Editoração
Texto & Arte
Capa
Guilherme Xavier
Foto de capa
juliengrondin/Shutterstock
Impressão
Prol Gráfica

Cap. 1, cap. 2, cap. 11 – Shutterstock | Stock.XCHNG / **Cap. 3, cap. 7, cap. 10** – Shutterstock / **Cap. 4, cap. 12** – Shutterstock | iStockphoto / **Cap. 6** – Shutterstock | USDA – United States Department of Agriculture / **Cap. 8** – Stock.XCHNG / **Cap. 9** – O Nascimento de Vênus (1483), por Sandro Botticelli (1445-1510), Galleria degli Uffizi, Firenze, Itália. (Picasaweb) | Leonardo Da Vinci (goodart.org)

Rua Pedro Soares de Almeida, 114
São Paulo, SP – CEP 05029-030
Telefone: (11) 3670-2500
Site: http://www.editoragente.com.br
E-mail: gente@editoragente.com.br

Dados Internacionais de Catalogação na Publicação (CIP)
(Câmara Brasileira do Livro, SP, Brasil)

Horibe, Edith
A juventude além do tempo : os 6 pilares da saúde para deixar você mais jovem por mais tempo / Edith Horibe, Kose Horibe. -- São Paulo : Editora Gente, 2010.

Bibliografia.
ISBN 978-85-7312-719-5

1. Beleza corporal 2. Envelhecimento 3. Envelhecimento - Aspectos nutricionais 4. Envelhecimento - Prevenção 5. Juventude 6. Longevidade 7. Qualidade de vida 8. Saúde - Promoção I. Horibe, Edith, Horibe, Kose. II. Título.

10-10683 CDD-613.0438
NLM-WT 120

Índices para catálogo sistemático:
1. Envelhecimento : Prevenção : Promoção da saúde : Ciências médicas 613.0438

Aos nossos pais, com nossa eterna gratidão.
Aos nossos filhos Elaine e Vítor, a razão da nossa
vida, fonte inesgotável de inspiração e motivação,
a riqueza maior que Deus nos presenteou.

AGRADECIMENTOS

Os nossos mais profundos agradecimentos
a todas as maravilhosas pessoas que direta ou
indiretamente colaboraram para a
concretização desta obra.
Agradecemos em especial a:
Dr. Roberto Shinyashiki, pelo honroso
convite para escrever e publicar na
conceituada Editora Gente.
À Rosely Boschini, pelas preciosas
sugestões e pelo incentivo.
Aos componentes da Editora Gente, pelo
profissionalismo e pela gentileza.
À Nancy Weber, pelas importantes
pesquisas bibliográficas.
A todos da Clínica Horibe, particularmente
à Jacqueline Gonçalves e à Ednete Carvalho
Medeiros, pela colaboração e compreensão
durante a execução deste livro.
Ao Vitor Kawano Horibe e Daniel Kawano,
pelas importantes sugestões.
Aos pacientes que contribuíram autorizando
a publicação de seus depoimentos.

Prefácio

A doutora Edith Horibe e o doutor Kose Horibe, pesquisadores do envelhecimento, sempre acreditaram em sua prevenção e há décadas vêm estudando os vários processos envolvidos nesse mecanismo, que é uma preocupação permanente de todos nós. Com muita erudição, substanciam o desejo milenar de unir a sabedoria da maturidade à aparência da juventude.

A qualidade de vida que todos almejamos necessita de uma boa orientação para ser alcançada. O livro *A juventude além do tempo* estuda as várias hipóteses sobre o envelhecimento, as teorias: neuroendócrina, do controle genético, dos radicais livres, do abuso e morte das células e do telômero.

A experiência clínica de muitos anos dos autores é amplamente traduzida nos procedimentos que podem retardar o envelhecimento.

Todos nós, embora não sendo candidatos à eternidade, gostaríamos de saborear esta perspectiva de uma vida longa e saudável.

Ivo Pitanguy
Cirurgião plástico, professor, conferencista e autor de artigos e livros

Apresentação

Chega um momento em nossa vida que temos de fazer uma escolha entre amadurecer e envelhecer.

Quando escolhemos envelhecer deixamos que os números decidam a nossa vida. Porém, quando amadurecemos fazemos com que a nossa vida se imponha sobre os números.

Amadurecer é ter a capacidade de aproveitar todas as oportunidades. Significa termos uma vida mais plena.

Todos os dias eu procuro sentir que dentro de mim as portas continuam se abrindo, apesar de o número de anos estar aumentando.

O conceito de envelhecimento é um dos que mais têm mudado nos últimos anos. Há algumas décadas, envelhecer significava indisposição, doença, perda da beleza, depressão, desânimo, isolamento. A imagem de uma pessoa com mais de 50 anos era a de alguém desanimado, solitário, sentado em uma poltrona, muitas vezes incapacitado por alguma doença decorrente do envelhecimento.

A sequência frequentemente é essa: a pessoa vê os números aumentarem, sente-se velha e para de fazer atividades que alimentam a sua juventude. Logo, considerando-se mais velha, essa pessoa faz com que o círculo vicioso aumente sistematicamente, tornando o indivíduo mais propenso a sensações criadas por esse sentimento, inclusive as doenças psicossomáticas. Por sorte, atualmente sentimos que isso tem mudado consideravelmente. É comum encontrarmos vovós e vovôs com bem mais de 60 anos, mas que têm uma aparência juvenil, muita beleza e um estilo de vida de fazer inveja a muitos jovens de antigamente.

O número de pessoas da chamada terceira idade praticando esportes, iniciando novos relacionamentos amorosos, conhecendo novos lugares, interagindo na internet e indo a lugares que antes só eram frequentados por jovens, é cada vez maior. Vivemos em uma nova era!

E toda essa qualidade de vida, apesar do processo natural de envelhecimento, depende apenas de cada um de nós. Depende daquilo que fazemos da nossa vida.

Embora o tempo passe de maneira discreta e invisível, atingindo a todos de alguma forma e deixando suas marcas, hoje já é possível neutralizar a influência nociva do tempo!

Nos últimos anos, os avanços da medicina e da estética mostraram que é possível envelhecer com qualidade, mantendo uma aparência saudável e bonita.

Essa nova visão do processo de envelhecimento já presta grande contribuição no sentido de estimular-nos a adotar medidas que ampliam a nossa energia vital. Mente mais experiente em um corpo saudável é o melhor dos mundos.

Os doutores Edith Horibe e Kose Horibe são dois dos maiores pesquisadores de *antiaging* do mundo. Suas palestras são acompanhadas por médicos do mundo inteiro, curiosos por aprender com eles.

Apesar de toda a fama internacional, eles são pessoas que sabem tocar no coração dos seus pacientes e, por isso, uma consulta com eles é muito concorrida.

Enquanto você não consegue um horário na agenda de um deles, desfrute a oportunidade de conversar com eles nas páginas deste livro. Descubra como manter a sua juventude por muito tempo. Pela primeira vez na história, é possível controlar o envelhecimento, ou seja, ganhar mais idade mantendo a saúde, a beleza, a disposição e a qualidade de vida!

Neste livro, os meus amigos Edith Horibe e Kose Horibe irão acompanhá-lo com o carinho, a competência e a dedicação que os tornaram referência internacional!

Roberto Shinyashiki
Psiquiatra, escritor e palestrante

Sumário

Prólogo

É possível manter-se mais jovem por mais tempo?

É viável envelhecer sem ficar "velho"?

Manter a juventude e a beleza por mais tempo possível é o sonho de toda humanidade desde os seus primórdios.

Hoje, este sonho está se tornando uma realidade graças à nova ciência conhecida nos Estados Unidos como *antiaging medicine*, e em nosso meio como ciência antienvelhecimento.

Para beneficiar o maior número de pessoas, desenvolvemos o Programa Gestão de Idade®, baseado em pesquisas científicas internacionais relacionadas ao gerenciamento da saúde, beleza, bem-estar e longevidade. O objetivo do programa é adotar medidas antienvelhecimento. Atendendo à solicitação do público em geral, resolvemos compartilhar conhecimentos desse tema que temos transmitido no curso de Pós-graduação *Lato Sensu* de Gestão Antienvelhecimento e em eventos nacionais e internacionais. Para tanto, procuramos facilitar a compreensão de seus conceitos por meio de uma linguagem direta e, principalmente, com aplicação na vida diária.

Os temas estão divididos em capítulos que tratam dos principais pilares promotores da saúde por meio da prevenção pró-ativa. Assim, o leitor terá condições de montar um esquema próprio de gerenciamento da sua vida a partir do programa Gestão de Idade®. É importante destacar que o programa é indicado para pessoas de qualquer faixa etária que estejam interessadas em qualidade de vida e para todos aqueles que desejam cuidar de si, tendo em vista também os anos futuros de saúde e bem-estar.

Caro leitor, para obter um resultado eficaz, sugerimos que você leia primeiro todo o livro e, a seguir, leia diariamente os preceitos condensados no final da obra por 21 dias seguidos e depois releia todos os capítulos. Deste modo você conseguirá mudar o seu estilo de vida, alcançando saúde, qualidade e produtividade de forma duradoura.

Boa leitura!

Dra. Edith Horibe e Dr. Kose Horibe

Introdução

Envelhecimento! Esta é uma das palavras cujo conceito sofreu mais modificações ao longo dos últimos anos. Há algumas décadas envelhecimento era sinônimo de indisposição, doença, perda estética, depressão e até isolamento. A imagem de uma pessoa com 60 ou 70 anos era a de alguém desanimado, solitário, sentado em uma poltrona e, muitas vezes, incapacitado por alguma doença decorrente do envelhecimento.

Hoje essa imagem mudou completamente. Conquistamos a possibilidade de desconsiderá-la e de nos permitir viver a vida de forma prazerosa. É perceptível o aumento do número de pessoas de mais idade praticando esportes, namorando, criando blogs, viajando e, inclusive, assistindo a shows de rock (muitas vezes junto aos netos). Estamos vivendo a era do *aging*, que, em inglês, significa "ganhando idade".

E você, já parou para pensar neste assunto?

Se você tem entre 25 e 35 anos, provavelmente não, pois esta é a fase em que vivenciamos o ponto mais alto da nossa capacidade física e mental, e a questão do envelhecimento nos parece ainda muito distante. Entretanto, é exatamente neste período que nossa curva da juventude começa a declinar. Trata-se de um processo discreto e invisível, que indiscutivelmente atinge a todos e que seguirá seu caminho, a não ser que você se utilize dos recursos já disponíveis para chegar aos seus 90, 100 ou mais anos com a saúde física, mental e emocional que merece!

O corpo humano possui uma dinâmica sensacional. Nosso desenvolvimento começa no momento da concepção; uma única célula dá início à nossa vida – a chamada célula-tronco.[1] Mediante uma incrível sequência multiplicativa, quando atingimos o auge da idade adulta, nosso organismo administra cerca de 75 trilhões de células,[2] que se reparam e se regeneram continuamente. Com o passar dos anos esse processo inicia seu declínio, em decorrência da genética, ou da hereditariedade, de influências externas – como estilo de vida, alimentação, sedentarismo, tabagismo – e de fatores ambientais, como os raios solares e a poluição, entre outros. De acordo com o doutor Sherwin B. Nuland,[3] "a longevidade de cada um de nós é, em grande parte, determinada pela capacidade desses mecanismos corretivos celulares de **neutralizar a influência nociva do tempo** sobre o nosso funcionamento genético".

Neutralizar a influência nociva do tempo já é possível! Nas próximas páginas você verá **como** podemos **e por que** devemos usar esta conquista a partir de agora! Pela primeira vez na história, é possível controlar o envelhecimento, ou seja, manter a saúde, a beleza, a disposição e a qualidade de vida mesmo com o passar dos anos!

Parte I

A gestão antienvelhecimento

Capítulo 1 – O que é o envelhecimento

"Eu ficava apavorada só de pensar no envelhecimento! Imaginava aquela figura acabada, toda caída, em cadeira de rodas, cheia de doenças da velhice, isolada do mundo. Foi quando conheci o programa Gestão de Idade® na Clínica Horibe. Aprendi que podemos administrar o envelhecimento desde cedo, seguindo os 6 pilares da juventude, equilibrando corpo, mente e espírito. Hoje o meu medo de envelhecer acabou, pois sei que, graças a esse programa, posso ter saúde, qualidade de vida e produtividade até o final da minha vida!"

J.A.G., 25 anos, estudante

Que tal ficar velho sem envelhecer? Existe uma sutil diferença entre estes dois conceitos. Ficar velho é uma condição definida. Envelhecer é um processo lento, com dinâmica própria, que ocorre ao longo de nossa existência, que pode ser acompanhado e influenciado por nossa rotina e que apresenta, inclusive, a possibilidade de ser adiado.

Nosso envelhecimento se inicia a partir do momento em que saímos do útero materno. Costumamos dizer que uma pessoa está envelhecendo quando começa a sentir, paulatinamente, a diminuição de sua capacidade vital.

É importante saber que cada parte do nosso organismo envelhece em tempos e em intensidades diferentes.

As alterações na pele representam uma das evidências mais visíveis desse processo. Como diz o doutor John J. Medina[1] em seu livro *The clock of ages*:[2*]

> Ele é experimentado em nossos rituais matinais, quando nos olhamos no espelho e inspecionamos visualmente nossos corpos em busca de mudanças físicas. Nós vemos as rugas, as

* Sem título em português. Tradução livre: O relógio das idades. (N.E.)

> entradas no cabelo, percebemos uma barriguinha crescendo e a celulite. (...) Outro sinal óbvio da idade é percebido pela manhã, mas nesse caso tem menos a ver com a nossa aparência no espelho e mais o esforço ao levantarmos da cama. Está ligado à interação entre nossos músculos, ossos e juntas. Apesar de observarmos com mais frequência as mudanças na pele, as mudanças em nossa habilidade de movimento também começam a ocorrer.

Há algumas décadas, todos acreditavam que o envelhecimento era um processo irreversível, que ocorria concomitantemente à nossa idade cronológica. Era comum alguém dizer: "mas agora, como já tenho 65 anos, não consigo fazer isso". Hoje, comprovadamente – e a mídia tem divulgado inúmeros exemplos –, ninguém mais precisa dizer frases como essas aos 65, aos 75, nem aos 100 anos!

Com o progresso do saneamento básico, da saúde pública, da ciência, da biologia, da medicina e da tecnologia, inaugurou-se a era da prevenção das doenças.

Pense e responda: como será sua vida daqui a 30 ou 40 anos?

Você prefere esbanjar vitalidade, mostrar-se em um visual atualizado, dançando alegremente, participando ativamente da sociedade, como a belíssima Sophia Loren, aos 70 anos de idade, ou pretende chegar aos 65, 70 anos dentro de casa, alimentando a solidão e a depressão?

O que você prefere?

Sim, você pode escolher!

Como mencionamos anteriormente, já existe uma maneira maravilhosa de viver a segunda fase de nossa vida. E não é sonho, mas resultado de anos e anos de pesquisas e estudos científicos, que você irá conhecer nas próximas páginas.

Tudo começou com uma lenda

O desejo de unir a experiência e a sabedoria da maturidade à aparência que possuíamos na juventude é um sonho muito antigo. As lendas sobre fórmulas para se conquistar essa realidade são inúmeras. Diversas culturas e civilizações deixaram registros sobre sua busca por infusões, truques e segredos para a evitação do envelhecimento e conservação da beleza. No antigo Egito, conta-se que Cleópatra, em 60 a.C., tomava banhos de leite para manter sua pele jovem. A Idade Média (séculos V a XV) foi palco para a criação de numerosas "poções mágicas", que eram solicitadas pela nobreza aos alquimistas com a esperança de encontrarem a fórmula da eterna juventude. Ao que parece, o medo de ficar velho naquela época era maior até que o da morte!

A mais antiga das lendas é a da "fonte da juventude", conhecida no império greco-romano desde a época de Heródoto, em 400 a.C. Contava-se que, em algum lugar do mundo, existia uma fonte de água que rejuvenescia as pessoas para sempre. E um grande sonhador, chamado Ponce de León, resolveu praticamente investir sua vida inteira na busca por tornar essa fantasia uma realidade.

Juan Ponce de León (1470-1521) era um fidalgo espanhol que passou a acreditar em uma lenda contada por índios de uma ilha do Caribe, chamada Bínime. Eles relatavam a existência de um maravilhoso manancial cujas águas transformavam os velhos em jovens. Para Ponce de León, o relato dos indígenas, que viviam isolados e distantes do continente europeu, seria a confirmação da existência da fonte. Por duas vezes, apoiado pelo rei da Espanha, ele viajou para o Caribe em busca das águas milagrosas da tal fonte.

Mesmo após a sua morte – aos 51 anos, ferido por uma flecha –, o sonho de encontrar uma fonte "mágica" que nos mantivesse jovens para sempre continuou sendo perseguido, mas ninguém nunca o tornou realidade. Você sabe por quê? Porque

a verdadeira e única fonte da juventude que existe está dentro de nós!

Adotar hábitos saudáveis, como práticas para a tranquilidade emocional e mental, alimentação adequada, rotina de exercícios e medicina preventiva, é fundamental para construirmos nossa "fonte da juventude" particular!

Conquistar uma "fonte da juventude" particular é possível e acessível a todos que adotam programas antienvelhecimento. Vários desses programas foram criados há mais de uma década e já foram utilizados por milhões de pessoas nos países desenvolvidos. Nossa clínica oferece o programa Gestão de Idade®.

Fundamentado na visão de saúde integrada, nosso programa tem como principal objetivo diagnosticar e tratar precocemente as doenças crônicas que surgem com o envelhecimento e melhorar a estética das pessoas. Ou seja, impedir que o envelhecimento nos assemelhe, em aparência e saúde, aos idosos das antigas gerações.

Portanto, comece já! Quanto mais cedo você iniciar o programa, mais benefícios obterá e mais tempo conquistará para aproveitar a vida!

Nosso programa de Gestão de Idade® tem proporcionado excelentes resultados aos nossos clientes particulares e corporativos. As empresas, que hoje percebem o capital humano como seu maior patrimônio, podem usufruir amplamente deste programa – fundamental para diminuir as ausências no trabalho e manter a equipe energizada, saudável e produzindo mais.

Os desafios dos novos tempos

A longevidade humana representa hoje uma conquista definitiva e uma realidade que ganha cada dia mais importância no mundo contemporâneo. Entretanto, ela é motivo de preocupação para todos os governos, já que o aumento da expectativa de vida também significa necessidade de mais investimentos para o tratamento das enfermidades crônicas e/ou degenerativas; o que é somado às incapacidades físicas e às desvantagens socioeconômicas inerentes dessa população. Isso tudo significa que, para a maioria dos indivíduos, viver mais não significa ter uma vida boa e saudável.

Saúde não significa apenas ausência de doenças, mas bem-estar físico, mental e social.

Este conceito é implementado pela Organização Mundial da Saúde, instituição que também indica os três atos médicos necessários para o alcance destes objetivos:

1. Profilaxia e prevenção.
2. Diagnóstico e tratamento.
3. Reabilitação dos enfermos.

Os programas antienvelhecimento se enquadram no ato n. 1 da OMS.

O programa Gestão de Idade® objetiva atuar sobre o paradigma da prevenção e profilaxia das doenças metabólicas que se desenvolvem com o avançar dos anos.

> "Curiosidade, entusiasmo e paixão pela vida são aspectos normais da saúde perfeita."
>
> Deepak Chopra

Atualmente, pessoas com idade superior a 50 anos já ouviram muitas vezes a frase: "o mundo é dos jovens", mas sabem que este conceito está mudando completa e globalmente. Uma pesquisa do National Institute on Aging – NIA, de 2008, indicou que **nos próximos dez anos, pela primeira vez na história, haverá no planeta mais pessoas com idade igual ou superior a 65 anos do que crianças com menos de 5 anos de idade.**[3] Isso significa que os jovens de amanhã viverão em uma sociedade predominantemente madura. A mesma instituição norte-americana revela que "o mundo terá 1,3 bilhão de idosos até o ano de 2040" – o número global de pessoas com 65 anos ou mais era, em meados de 2008, de 506 milhões.[4] A cada mês, 870 mil pessoas completam 65 anos no mundo.

Idade social

Para a Organização das Nações Unidas (ONU), existem três categorias de idosos, classificadas por faixas de idade:

Pré-idosos – entre 55 e 64 anos
Idosos jovens – entre 65 e 79 anos, ou 60 a 69 na Ásia e na região do Pacífico
Idosos de idade avançada – com mais de 75 ou 80 anos, dependendo da expectativa de vida da região em que vive.

As mudanças relativas ao envelhecimento da população são rápidas. Em 1940, a média de expectativa de vida no Brasil era de 45,5 anos de idade. Em 2008, essa média passou para 72,7 anos, ou seja, um aumento de 27,2 anos de vida em um período de 68 anos. Segundo a projeção do IBGE, a vida média de nossa população continuará se elevando, alcançando, em 2050 o patamar de 81,29 anos – basicamente o nível atual da Islândia (81,80), Hong Kong, China (82,20) e Japão (82,60), em 2008.[5]

Os estudos mostram novidades não apenas quanto à expectativa de vida geral da população mundial. Eles revelam também que **temos, a cada ano, mais pessoas centenárias, inclusive no Brasil.** Em 2007, o IBGE indicava "11.422 brasileiros com idade igual ou superior a 100 anos de idade – desse total, 7.950 mulheres e 3.472 homens".[6] O Ministério da Saúde e Bem-Estar do Japão divulgava, em setembro de 2009, que aquele país já contava com mais de 40.399 centenários, representando um aumento de 10% em relação ao ano anterior. Entre os centenários, 87% eram mulheres. Especialistas atribuem a maior expectativa de vida dos japoneses à sua dieta saudável, seu bom sistema de saúde e à tradição dos aposentados em se manterem ativos.[7]

O jornal *Diário de S. Paulo* publicou, em 2008,[8] uma reportagem sobre o recadastramento dos aposentados no Instituto Nacional de Seguridade Social (INSS). Os resultados obtidos no recadastramento surpreenderam o próprio Governo, ao revelarem a existência de **milhares de aposentados centenários** no país – a maioria vivendo no campo, com até 129 anos de idade, o que é impressionante.

Será que nossa sociedade está preparada para enfrentar esta realidade?

Estes números indicam, a curto prazo, uma sociedade global completamente diferente da que conhecemos hoje.

O doutor Alexandre Kalache, chefe do Programa de Envelhecimento e Saúde da OMS, em entrevista à TV Cultura,[9] atentou ao fato de que os países desenvolvidos primeiramente enriqueceram e depois envelheceram. Já os países em desenvolvimento estão envelhecendo antes de se tornarem ricos – o que configura algo que nunca aconteceu na história da humanidade.

Precisamos nos preparar desde já para uma verdadeira "nova vida" depois dos 60 anos. Esta constatação nos leva a outra questão importantíssima:

Como será esta "nova vida"?

De nada adianta a alguém atingir os 100 anos de idade se estiver incapacitado física e mentalmente. A longevidade é vantajosa apenas se acompanhada de saúde. Se agirmos a partir desse momento, conseguiremos mudar para melhor o cenário futuro de nosso país em relação à longevidade e à saúde da população.

Viver mais é viver bem?

Nem sempre. O Brasil é exemplo disso. Uma pesquisa feita pela OMS,[10] que calcula a **expectativa de vida saudável**, indicou que, em 2007, a média de idade em nosso país era de 64 anos, enquanto o Japão continuava mantendo sua liderança mundial de longevidade em 76 anos – ou seja, doze anos a mais! Nesse ranking que incluía 197 países, a Suíça apresentava a média de vida saudável de 75 anos, seguido por Andorra, Austrália, Espanha, França, Itália, Islândia e Suécia com 74 anos. Os Estados Unidos foram superados ainda por vários outros países, com sua média de 70 anos.

Um estudo conduzido pelo Instituto de Pesquisa Econômica Aplicada – Ipea,[11] revelou que as estatísticas referentes ao nosso país ainda revelam mais um dado bastante preocupante: **o Brasil é o país que possui**

a taxa mais elevada no que diz respeito à perda de qualidade de vida. Consequentemente, "uma importante parcela da população se torna dependente da família ou da sociedade". O estudo indicou, por exemplo, que os nascidos em 2003 poderão vivenciar condições precárias e dependentes por cerca de 13,5 anos (homens) e 11,1 anos (mulheres), gerando sofrimento não só para si como para seus familiares. Socialmente, isso significa também a geração de maiores gastos para a saúde pública e para os órgãos previdenciários, no caso de aposentadorias por invalidez, segundo o Ipea.

Outra questão é que, de acordo com estimativas do IBGE, na década de 1950, a taxa média de trabalhadores no mercado para cada aposentado era de 8 para 1; atualmente, essa taxa é de 1,27 para 1. Segundo a instituição, em pouco tempo cada trabalhador ativo irá sustentar um inativo, o que tornará a carga tributária inviável.[12]

Como as próximas gerações irão enfrentar isso?

Trata-se, na realidade, de um grande desafio, principalmente se considerarmos que a idade média do aposentado brasileira é de 56 anos. Nos Estados Unidos, um dos países mais ricos do mundo, a idade média do aposentado é de 67 anos![13]

O sistema previdenciário brasileiro, de janeiro a novembro de 2009, já apresentava déficit de 45.262 bilhões de reais.[14] Qual será, então, o tamanho desse déficit com o aumento crescente da longevidade acompanhado por doenças incapacitantes? Faz-se urgente, portanto, a adoção de uma política de gestão antienvelhecimento também na área da saúde pública!

Atenção: você já está envelhecendo!

O melhor momento da vida para se iniciar um programa desse tipo é durante a juventude. E, embora o envelhecimento comece assim que nascemos, na prática, até o momento, costumamos acompanhar seus efeitos nocivos a partir dos 25 ou 35 anos.

Até os 24 anos a produção hormonal humana aumenta e atinge o seu pico mais alto. A seguir, ela começa a declinar em um processo constante até o fim da vida. Esta primeira fase do envelhecimento é chamada de *incubação* ou *subclínica*, pois não apresenta nenhum sintoma.

Entre os 35 e 45 anos, entramos na etapa de transição, quando nosso organismo sofre uma queda hormonal de mais de 25%. Essa mudança gera consequências facilmente perceptíveis. Por exemplo, a diminuição da capacidade visual.

O leitor de 40 ou 45 anos já deve ter observado que quase todo o mundo precisa esticar os braços, distanciando um livro, um jornal ou uma revista para conseguir ler. Esta é a fase em que os óculos começam a ser necessários, porque a vista está mais velha, mais cansada. Com a queda hormonal, as células do cristalino – a lente natural dos nossos olhos – se ressentem. Elas vão perdendo sua elasticidade, e torna-se mais difícil focar objetos próximos – é a chamada presbiopia. A adaptação da visão às variações luminosas também se torna mais difícil. Isso ocorre simultaneamente em ambos os olhos.[15]

Outra consequência referente à queda dos hormônios é a perda da força muscular. Depois de chegar à sua potência máxima, entre 20 e 30 anos, nossa massa corporal começa a diminuir devido à perda gradual das fibras musculares que, por sua vez, são substituídas por gordura.[16]

O processo do envelhecimento se torna realmente mais perceptível quando atingimos a chamada *fase clínica*, após os 45 anos idade. Nesta etapa, a queda hormonal é maior e nosso corpo revela declínio na resistência e no contorno dos músculos – o que é ainda mais visível em pessoas sedentárias. Quando atingimos os 65 anos, nossa força muscular pode estar reduzida em até 80%.[17] Trata-se da época na qual mais ouvimos ou dizemos a frase: **"Parece que tudo está caindo!" E está mesmo!**

Além dessas perdas mais perceptíveis existem as invisíveis, que ocorrem com o declínio de diversos sistemas fisiológicos responsáveis pelas funções do corpo. São as chamadas *doenças naturais do envelhecimento*, que representam a queda da vitalidade. Nesta fase, costuma-se dizer muitas vezes ao dia: **"Nossa, estou envelhecendo mesmo! E agora?"**

Chegamos, então, a uma nova etapa do ciclo da vida, que envolve não apenas nosso corpo, mas também nossas emoções.

Que idade você sente ter?

Não há quem não passe por pressões psicológicas diante da constatação do envelhecimento. Cada pessoa lida com isso de maneira diferente, mas ninguém escapa ao sentimento de desencanto e ao pensamento nostálgico: **"Nossa eu era tão incrível antes, tão maravilhoso!"**

A mulher percebe que não atrai mais os olhares dos outros, e até mesmo que seu marido não a olha como antes. Para os homens, a preocupação maior geralmente recai sobre o desempenho sexual, ao perceberem não possuir mais tanto vigor.

Nossa vida social também é afetada, e começamos a nos sentir frustrados por não mais conseguirmos fazer tudo o que fazíamos. Nossa disposição não é mais a mesma, surgem-nos limitações físicas e dificuldades para fazer coisas simples, como subir escadas, por exemplo.

A maioria das pessoas nessa fase já deixou a vida profissional, perdendo o convívio com pessoas diferentes, a dinâmica de trocar ideias com os outros e de partilhar uma equipe.

O corpo se cansa mais facilmente, o ânimo desaparece, nada tem graça... por que, então, sair de casa? A alternativa geralmente é ficar no sofá, assistindo à TV, comendo uma coisa aqui, outra ali, tomando um refrigerante. Exercícios? Caminhadas? "Ah, não vou fazer isso hoje não!"

A pessoa quase não sai mais de casa, não socializa, não se exercita – não faz nem mesmo uma caminhada em volta do quarteirão –, não muda a rotina... E as consequências são certas: obesidade, esquecimentos, apatia. O tempo passa e a pessoa nada faz para controlar esse processo.

Mas, caro leitor, é importante observar também que, apesar de serem mais comuns à chamada terceira idade, todos estes sintomas podem aparecer em qualquer uma das fases do envelhecimento. Sabe por quê?

Porque o ser humano, como classificou Deepak Chopra,[18] na verdade, tem três idades:

- **a idade cronológica**: a partir do nosso nascimento, porém, a mais falsa de todas, pois é determinada apenas por nossos documentos, como nossa carteira de identidade ou certidão de nascimento;
- **a idade biológica:** referente às suas funções biológicas, que podem ser observadas por meio de exames, capazes de quantificar **o funcionamento do seu organismo, a sua vitalidade e até mesmo as suas células.** Ela é a mais próxima da realidade, pois mostra que **o ser humano pode, com 50 anos de idade cronológica, estar, biologicamente, com 30 ou 70 anos;**
- **a idade psicológica: a mais real de todas: é a que você SENTE que tem**. Entretanto, **para que ela seja vivida plenamente, é preciso que sua idade biológica chegue até ela**. E isso já é possível com nosso programa Gestão de Idade® ou antienvelhecimento, um programa baseado em uma nova ciência, que irá conquistar você, leitor(a), nas próximas páginas!

Preceito nº 1

SINTA-SE JOVEM!

A verdadeira idade é a que você sente que tem.

Capítulo 2 – A gestão antienvelhecimento

"Nunca imaginei que existisse uma área da ciência antienvelhecimento. Achava que isso fosse coisa de curiosos e nada digno de se acreditar. Aprendi que um programa profissional de gestão antienvelhecimento é baseado em pesquisas científicas respeitadas no mundo todo e fiquei muito feliz quando notei resultados maravilhosos em mim ao colocar em prática."

L.P.A., 42 anos, odontóloga

O bebê que está nascendo neste minuto, provavelmente terá a sorte de não conhecer a maioria das doenças graves que conhecemos hoje. Além do mais, ele poderá chegar aos seus 100 ou 120 anos de vida gozando de plena saúde e atividade.

Parece um filme de ficção, mas não é. Vivemos em uma época especial para o ser humano, com inúmeras oportunidades de progresso positivo. Na área da saúde imunológica, o desenvolvimento de vacinas, de exames laboratoriais e de imagem somados à alta tecnologia, à melhoria do sistema de saneamento básico e, principalmente, ao conhecimento sobre o funcionamento das células **permitem prever uma vida muito melhor para quem está nascendo; e, para jovens e adultos de hoje, muito mais anos de vida saudável.**

Atualmente, pesquisas na área da genética, por exemplo, podem indicar o potencial que cada indivíduo apresenta para o desenvolvimento de certas doenças, o que possibilita sua prevenção ou seu controle.

Estudos rigorosamente científicos demonstram que é possível controlar o processo do envelhecimento e prevenir ou tratar as doenças crônicas que antes abreviariam nosso tempo de vida.

A busca por esses tratamentos é tão antiga quanto a medicina, mas, até recentemente, os meios que permitiriam torná-la realidade ainda não tinham sido criados.

Todas as áreas ligadas à saúde dispõem de inúmeros recursos capazes de indicar, com precisão, desde a queda dos níveis hormonais e as deficiências nutricionais até o comportamento dos neurônios e do ponto mais íntimo de nossas células, o DNA.

E, ainda melhor, adquirimos o conhecimento e desenvolvemos a tecnologia para corrigir os mais diversos desequilíbrios e deficiências físicos e mentais.

Porém, somente agora grande parte da população começou a ter acesso às vantagens oferecidas pelos programas antienvelhecimento, sobre os quais falaremos detalhadamente a seguir.

Para começar...

As pesquisas antienvelhecimento foram motivadas por um sentimento de inconformismo entre os profissionais da medicina. Afinal, como disse Ronald Klatz, médico e estudioso do assunto desde 1981, em entrevista à revista norte-americana *Business Week*:[1]

> *A missão da medicina é prolongar a vida. Por esta razão, a maioria dos médicos se tornam médicos. Um dia olhei no espelho, vi rugas e disse: "médico, cure-se". Porém, até os anos 1980, os cientistas não tinham a menor ideia de como ou por que nós envelhecemos. Observamos, então, que a medicina estava desenvolvendo novas tecnologias para lidar com desordens genéticas e doenças crônicas degenerativas. Como a maior parte dessas doenças ocorre nos idosos, concluí que, se a medicina pudesse controlar os efeitos metabólicos do envelhecimento, poderíamos controlar o próprio envelhecimento.*

Ronald Klatz, considerado o precursor do antienvelhecimento, fundou, em 1993, juntamente a um pequeno grupo de médicos e cientistas nos Estados Unidos, a Academia Americana de Medicina

Antienvelhecimento,* que se dedica a estudos e pesquisas com a finalidade de encontrar maneiras de diminuir o ritmo do envelhecimento e, até mesmo, de deter seu processo.[2]

Essa iniciativa representou uma revolução na medicina, e, como comenta o médico norte-americano Henry S. Lodge:[3]

> Essa revolução inclui campos tão diversos quanto a fisiologia celular, a estrutura protéica, a bioquímica, a biologia evolutiva, a fisiologia do exercício, a antropologia, a psicologia experimental, a ecologia e a neuroanatomia comparativa.

Esse avanço foi acompanhado no Brasil pela **Academia Brasileira de Medicina Antienvelhecimento (ABMAE)**, fundada em 1999, considerada uma das instituições pioneiras na América Latina com o objetivo de acompanhar os avanços relativos a esse fenômeno global. A **ABMAE** promove eventos internacionais anuais para médicos e profissionais da área de saúde. Paralelamente, foi criado o primeiro curso da América Latina de pós-graduação *lato sensu* em gestão antienvelhecimento. Este curso, que em 2010 forma sua quinta turma, revela o crescente interesse da comunidade de profissionais da saúde para com a proposta antienvelhecimento.

Além do setor da saúde, no Brasil, como em várias partes do mundo, o setor corporativo também vem buscando, no conceito de programas antienvelhecimento, melhorar o bem-estar e a qualidade de vida de seus colaboradores jovens e maduros, o que gera, como consequência direta, o aumento de sua produtividade.

Por que envelhecemos?

Apesar de tantas áreas objetivarem a descoberta da principal causa do envelhecimento progressivo, uma explicação definitiva sobre o tema ainda

* Em inglês: American Academy of Anti-Aging Medicine (A4M). (N.E.)

não foi encontrada. Ao longo dos anos, diferentes teorias têm procurado esclarecer este fenômeno por meio de pesquisas que envolvem desde a vida celular, os neurônios e os hormônios, até a genética (veja quadro).[4]

O que se sabe até agora

O estudo dos abusos e da morte das células. Como o próprio nome indica, seu argumento é que envelhecemos porque nossas células são danificadas pelo seu contínuo uso e abuso.

Teoria neuroendócrina. De acordo com esta proposta, durante o processo de envelhecimento, as glândulas produzem menos hormônios, dificultando o funcionamento de órgãos vitais.

Teoria do controle genético. Esta teoria refere que cada indivíduo nasce com um programa genético codificado no DNA, que determina a velocidade do seu envelhecimento.

Teoria dos radicais livres. Propõe que as células envelhecem devido a danos acumulados pelas reações químicas que ocorrem em seu interior. Durante este processo são produzidas toxinas denominadas radicais livres.

Teoria do telômero. O telômero é uma estrutura que está localizada na extremidade do cromossoma. O tamanho do telômero é mantido pela enzima telomerase, que, enquanto está atuante, permite alta capacidade de divisões celulares. Mas quando esta enzima tem sua ação diminuída, os cromossomos se encurtam na região dos telômeros, o que inicia o processo de envelhecimento.

Além das causas fisiológicas, fatores externos como os raios solares, o estilo de vida, a dieta, o sedentarismo, o tabagismo, a poluição e as doenças, entre outros, também aceleram o envelhecimento.

A boa notícia é que há evidências científicas de que podemos interferir nesse processo, atuando em diversas frentes. Como explica Ronald Klatz:[5] "Não existe um único medicamento para reverter o envelhecimento. Mas dispomos de vários recursos que funcionam. Por exemplo, o exercício pode mudar os biomarcadores."*

Os programas antienvelhecimento são hoje um fenômeno global.

O objetivo desses programas é identificar precocemente as alterações metabólicas de nosso corpo e seus agentes, e adotar o tratamento adequado.

Os principais protocolos dessa nova ciência, que valoriza a prevenção das doenças, buscam colher informações essenciais das células e de seus componentes, como as mitocôndrias e o DNA, a fim de definir o tipo de tratamento adequado a cada indivíduo. Este configura o caminho mais eficaz para assegurar a longevidade saudável.[6]

O programa de Gestão de Idade®, desenvolvido por nossa clínica, é uma fusão de diferentes conhecimentos determinada pelo envolvimento de profissionais das mais diversas áreas da saúde, como:

- médicos especialistas em endocrinologia, cardiologia, geriatria etc.;
- educadores físicos;
- farmacêuticos bioquímicos;
- fisioterapeutas;
    - psicólogos;
    - nutricionistas;

* Marcadores biológicos são medidas de índice de saúde e de monitoramento fisiológico, que indicam riscos de enfermidades, desordens psiquiátricas, diagnóstico de doenças, processos metabólicos, abuso de substâncias, níveis hormonais, condição cardíaca, estudos epidemiológicos etc.

- odontologistas;
- cirurgiões plásticos; e
- terapeutas alternativos que utilizam práticas consagradas pela medicina integrativa.

Cada um desses especialistas avalia o nível de saúde do paciente relativo à sua área a fim de obter as informações necessárias para o desenvolvimento de estratégias e tratamentos personalizados.

Na etapa seguinte, cada paciente recebe orientações específicas, sempre de acordo com seu perfil de saúde e estilo de vida, sobre as ações que precisa tomar para obter os resultados positivos almejados; atenção à mente e à estética, dieta, exercícios e modulação hormonal. O estilo de vida é responsável em 45% pela plena saúde.

Acertando os ponteiros

Como informado no capítulo anterior, os programas antienvelhecimento, como o Gestão de Idade®, reajustam seu relógio biológico de acordo com **a idade que você sente ter**. Isso significa desacelerar o ritmo do envelhecimento, deter alguns de seus processos e reverter determinados biomarcadores alcançando resultados importantes, como:

- melhora notável da saúde geral;
- melhora do humor;
- melhora da lucidez e rapidez mental;
- melhora da textura da pele;
- recuperação da energia;
- melhora da vida sexual;
- melhora do sistema imunológico;
- retonificação do corpo;

- redução do depósito de gordura; e
- aumento da massa muscular.

Sim! Você pode realmente ajustar o seu relógio biológico. Em nosso programa de Gestão de Idade®, o ponto de partida é a realização de um *check-up antiaging* para se obter um diagnóstico atualizado da sua saúde. Por meio de vários marcadores fisiológicos e biológicos torna-se possível revelar a diferença entre nossa idade cronológica e biológica.

Adote já um programa de gestão antienvelhecimento!

Independentemente de qual for sua idade, os benefícios para a sua saúde e qualidade de vida podem ser conquistados e são indiscutíveis. Além de prevenir os transtornos relacionados ao envelhecimento, esses programas, por sua característica interdisciplinar, indicam tratamentos individualizados, ou seja, "sob medida", para tratar muitas alterações comuns a qualquer idade, entre as quais:

- estresse;
- ansiedade;
- sobrepeso e obesidade;
- estética;
- depressão física e psíquica;
- transtornos metabólicos;
- fraqueza imunológica;
- inflamações e reumatismo;
- transtornos respiratórios;
- síndrome da fadiga crônica;

- desequilíbrio hormonal;
- diabetes tipo 2; e
- diminuição da libido.

Lembre-se! Você tem o privilégio de estar vivendo em uma época em que é possível atrasar o processo do envelhecimento e evitar futuros problemas de saúde. O que poucos anos atrás parecia ser um sonho impossível, hoje é a **sua** realidade!

Preceito nº 2

PRATIQUE A GESTÃO DE IDADE!

Vamos ter saúde, qualidade de vida e produtividade até o final de nossa existência por meio da gestão antienvelhecimento.

Capítulo 3 – O corpo visto como um todo

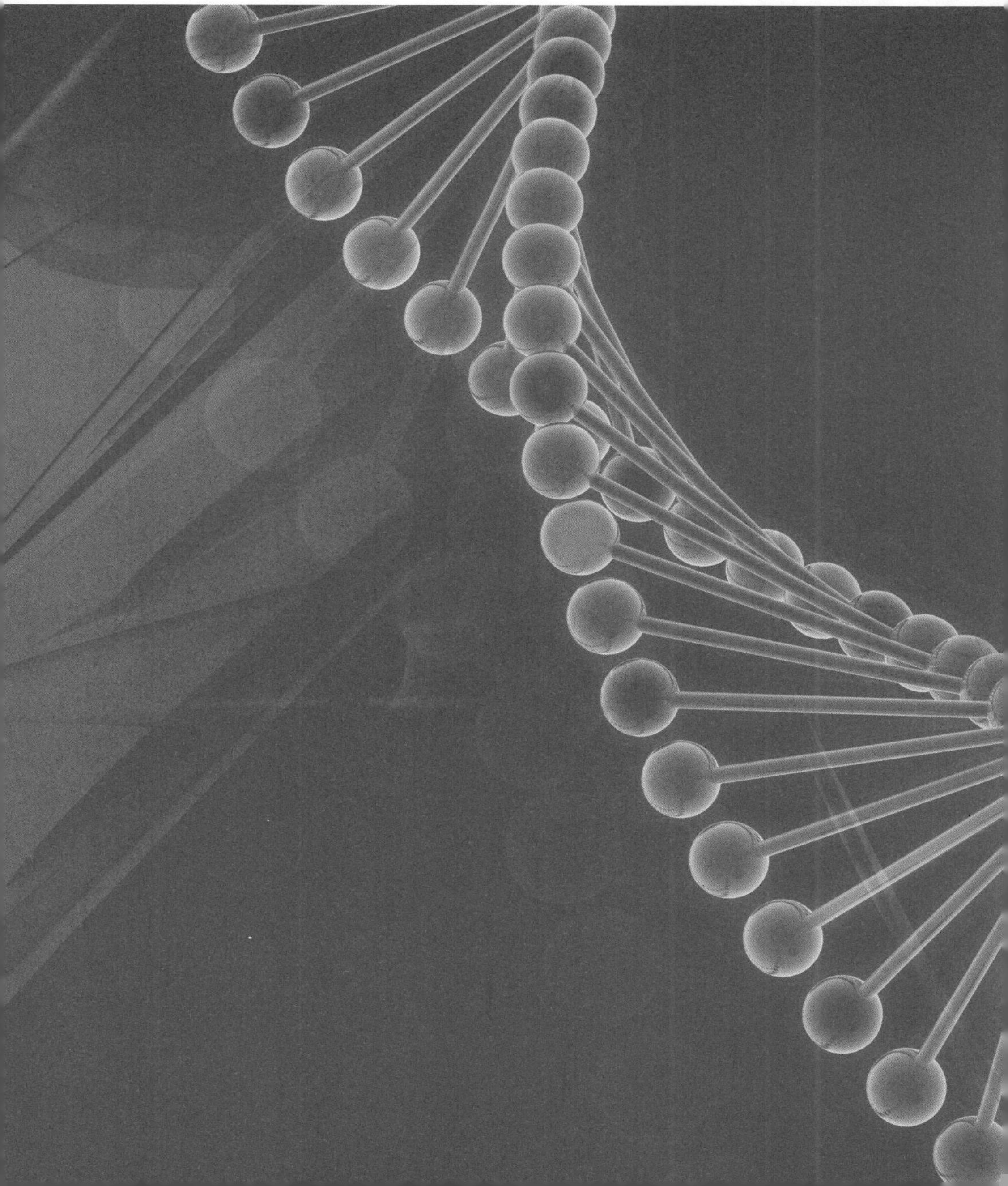

"Sempre tratei a minha parte física pensando que o meu corpo fosse só matéria. A gestão antienvelhecimento me ensinou que nosso corpo é muito mais do que isso, é mente, espírito, é um todo integrado."

A.V., 57 anos, empresário

Quando marcamos uma consulta médica, geralmente, a primeira ideia que nos vem à cabeça é a de um médico que irá ouvir sobre a nossa queixa física, solicitar uma série de exames e receitar um medicamento ou uma cirurgia para nos livrar daquele problema.

Isso acontece porque estamos ligados ao modelo de medicina convencional, que predomina há centenas de anos em nossa cultura e que é ensinado nas universidades até hoje. Essa medicina encara o ser humano por partes e trata o órgão ou cura o sintoma que está nos incomodando. Ou seja, está alicerçada "num modelo mecânico de ser humano, reduzido apenas à sua dimensão material".[1]

As ideias mecanicistas[2] influenciaram as ciências e o pensamento filosófico por mais de três séculos e possibilitaram à Igreja reforçar ideias defendidas nos concílios de Latrão[*] e de Trento,[3**] que tiveram como um de seus propósitos divisar a visão da vida humana em duas partes: física

---

* Primeiro concílio ecumênico do Ocidente. Tratou, em 1123, da questão das investiduras; em 1139, da questão dos símbolos, da usura e do celibato; em 1179, condenou os cátaros; em 1215, o maior concílio da Idade Média, condenou os albigenses e regulamentou as questões da disciplina eclesiástica: dos sacramentos, do matrimônio, da anunciação do Evangelho; em 1512 e 1517, foram os últimos antes da Reforma Protestante. (N.E.)

** Realizado de 1545 a 1563, foi o 19º concílio ecumênico. É considerado um dos três concílios fundamentais na Igreja Católica. Foi convocado pelo Papa Paulo III para assegurar a unidade da fé (sagrada escritura histórica) e a disciplina eclesiástica, no contexto da Reforma da Igreja Católica e a reação à divisão então vivida na Europa devido à Reforma Protestante, razão pela qual é denominado também como Concílio da Contra-Reforma. (N.E.)

(cujos assuntos eram de responsabilidade da ciência) e espiritual (responsabilidade da Igreja). Enquanto as questões espirituais tornaram-se dependentes dos sacramentos católicos, o corpo foi confinado a uma única vida, efêmera.

Baseada no enorme poder que possuía sobre a sociedade da época, a Igreja passou a combater os ensinamentos e procedimentos da medicina tradicional de todas as formas, a ponto de banir suas práticas durante a Inquisição.[4] Os distúrbios e doenças do comportamento eram "tratados" com a utilização do exorcismo, realizado, única e exclusivamente, pelos padres.

Nos séculos seguintes, marcados por importantes movimentos científicos, teve início o período em que predominaram o materialismo e a chamada teoria mecanicista.[5] Mais do que nunca, a medicina se distanciou da visão integrada que possuía do ser humano – o todo foi dividido em partes.

Em 1700, o médico teórico Giorgio Baglivi, defensor da iatromecânica,[6] afirmava em seu livro, *Opera omnia medico-practica et anatômica,*[*] que o coração poderia ser comparado a um pistão, o pulmão a um fole, os músculos a alavancas, os intestinos a peneiras ou filtros, as veias, artérias e outros dutos a encanamentos, o canto dos olhos a uma polia, e assim por diante.[7]

O todo

Conforme relata Otacílio C. Lopes, em seu livro *A medicina e o tempo*:[8]

> Nascida do instinto de conservação e dos "primeiros movimentos contra as dores", a busca primitiva para a cura das doenças tinha contornos místicos e mágicos, como forma de explicar os fenômenos da natureza e do homem que não eram compreendidos.

* Em tradução livre: Obra para a prática médica e anatômica. (N.E.)

E, quando as religiões começaram a tomar forma definitiva na civilização, a medicina penetrou nos santuários que, por centenas de anos, serviram, ao mesmo tempo, como templo e como escolas para as técnicas curativas.

Dentre as práticas de cura mais antigas, destacam-se a indiana ayurvédica e a medicina tradicional chinesa (MTC). Estas têm, hoje, muitos dos seus princípios e técnicas incorporados à medicina complementar e à visão quântica do ser humano em todo o mundo – conceitos fortemente ligados ao trabalho que desenvolvemos em nosso programa Gestão de Idade® e sobre o qual falaremos mais profundamente no 1º Pilar.

O termo Ayurveda vem de duas palavras em sânscrito (antigo idioma da Índia): "*ayur*", que significa vida, e "*veda*", conhecimento. Ayurveda, portanto, é "o conhecimento da vida". Como este conhecimento foi sistematizado, passou a ser definido como uma "ciência da vida", explica o hindu Vasant Lad,[9] médico ayurvédico. Lad revela que:

> A Ayurveda não é apenas uma medicina, mas uma forma de viver em harmonia com a natureza, criando o equilíbrio entre corpo, mente e consciência. (...) Cada pessoa é uma expressão única da consciência cósmica. Cada indivíduo é um fenômeno distinto e possui uma constituição individual. O universo é feito de fenômenos de causa e efeito.

"A causa é um efeito concebido, o efeito é uma causa revelada", define Vasant Lad. Desse modo, as causas da doença ou da dor podem ser desde uma dieta incorreta ou um estilo de vida inadequado até emoções reprimidas. "Julgamentos ou críticas também podem afetar o corpo", completa o estudioso. A identificação da constituição da pessoa embasa essa medicina, que se tornou mais conhecida no Ocidente a partir da década de 1960, com o crescente interesse das pessoas por terapias naturais, como massagens e chás, e pela meditação, prática rotineira na Índia, na China e no Japão, entre outros países do continente asiático.

Na MTC, o bem-estar físico, mental e emocional estão ligados ao *Qi* (pronunciado Chi). Segundo Maoshing Ni, médico Ph.D. e presidente da Universidade Yo San de Medicina Tradicional Chinesa,[10*] em Los Angeles, Califórnia, é difícil definir o *Qi*: "Nós o consideramos a força vital, pois está presente em todos os tipos de energia do corpo e é essencial para a vida em si". O *Qi* flui através do corpo, seguindo por "caminhos" chamados meridianos.

Outro conceito importante nesta medicina é o de *yin* e *yang* – usados para descrever as várias condições físicas opostas. Estes termos possuem origem filosófica e são relativos à interdependência e relacionamento dos opostos: assim como não podemos entender ou definir o calor sem experimentar o frio, o *yin* não pode existir sem o seu oposto, *yang*. E *yang* não pode existir sem o *yin*. Juntos, os dois polos complementares formam o todo. Para Roger Jahnke, da Associação Qigong:[**]

> *Ao aplicar os conceitos de* yang *e* yin *ao corpo humano,* yin *refere-se ao tecido do órgão e* yang, *à atividade do órgão. Na deficiência de* yin, *o órgão não possui substâncias orgânicas para sua função. Já a deficiência de* yang *impede que o órgão reaja quando necessário.*

O doutor Ni complementa: "Estas duas condições, portanto, estão eternamente conectadas em um sistema de interdependência e inter-relatividade."

---

* Em inglês: Yo San University of Traditional Chinese Medicine. (N.E.).

** Em inglês: Qigong Association. (N.E.)

Com mais de cinco mil anos de história, as práticas da MTC mais difundidas no Ocidente, dentre as diversas que possui, são as massagens, a meditação e a acupuntura; esta última oficialmente adotada como medicina complementar nos órgãos de saúde pública de nosso país.[11]

Analisando a história podemos encontrar, em todos os povos do mundo antigo, registros de práticas médicas que se utilizavam da visão do homem como um todo. No Egito, por exemplo, há registros de três tipos de praticantes médicos: os sacerdotes mágicos, os feiticeiros e os médicos.[12] O historiador Heródoto descreveu, por volta de 450 a.C., detalhes da medicina egípcia, na qual aparecia até a especialização: "Cada um cuida de uma certa doença e não de várias. (...) Há médicos para os olhos, outros para a cabeça, outros para os dentes, outros para o corpo e outros para doenças obscuras."[13]

A medicina praticada no Ocidente foi fortemente influenciada pelas práticas e conceitos de Hipócrates, que viveu na Grécia entre 460 a.C. e 377 a.C., época em que os remédios caseiros eram bastante difundidos. Membro de uma família de praticantes médicos, Hipócrates descreveu clinicamente várias doenças, integrou a ética ao trabalho do médico e deixou para a posteridade uma extensa obra. Considerado o pai da medicina, resume nesta frase o seu conceito quanto à relação médico-paciente:

"É mais importante saber o tipo da pessoa que tem a doença, do que o tipo de doença que a pessoa tem".

Além das considerações físicas, uma consulta médica grega envolvia a observação do ambiente em que o paciente vivia e do seu estilo de vida. A doença era entendida como um desequilíbrio. O tratamento obedecia, respectivamente, às seguintes recomendações: 1) dieta; 2) medicamentos; e 3) cirurgia. Uma terapêutica substituía outra apenas quando a anterior não resultava positiva.[14] A psiquiatra espanhola Rosa Gómez Esteban[15] destaca que os escritos hipocráticos diziam: "Para ser médico, é preciso prestar atenção à vida psicológica do enfermo (...) utilizar os sentidos e também a palavra para conhecer aquilo que não se pode ver nem tocar". A medicina grega usava o conceito dos humores (sangue, bílis negra, bílis amarela e fleuma) relacionados a quatro órgãos (coração, baço, fígado e cérebro) e aos quatro elementos cósmicos (ar, terra, fogo e água).

No Japão, até o século XVI a medicina adotava princípios de diversas práticas chinesas, como a acupuntura, a preparação dos medicamentos, as dietas e os princípios *yin* e *yang* – a maioria trazida por monges budistas. Nagata Tokuhon (1513-1610), considerado o Hipócrates japonês, é um dos personagens mais importantes da história da medicina no Japão, responsável pela introdução de práticas médicas europeias em seu país, sem, contudo, perder de vista os conhecimentos da medicina oriental. A biografia de Tokuhon inclui 118 anos de vida e uma medicina que considerava o poder do corpo para indicar os caminhos da cura. No caso das doenças nervosas, Tokuhon não recorria a medicamentos, e muitas vezes obtinha a cura por meio de um trabalho voltado à mente do paciente.[16]

A medicina tradicional preconiza que curar-se é reconectar-se ao todo, à nossa própria essência individual e ao fluxo natural que nos envolve e unifica.

As partes

Há apenas três séculos a medicina convencional, a mais praticada até hoje no mundo ocidental, passou a ser vista como científica. É interessante lembrar que o período histórico em que esse reconhecimento ocorreu (século XVIII) é chamado de "Século das Luzes", por ter sido cenário de grandes mudanças no mundo, envolvendo diferentes áreas do saber, como a política, as artes e as ciências.

A partir de então, a figura do médico passou a ser representada por alguém que possuísse sólidos conhecimentos científicos. Eles eram fidalgos, trajavam roupas finas, perucas vistosas e bengalas com incrustações em ouro. Confiava-se tanto em seu saber que, nessa época, um novo hábito foi criado entre a nobreza: acrescentar ao enxoval das noivas uma colher de tamanho grande para a ingestão dos medicamentos que possivelmente lhes fossem receitados.

Sob o ponto de vista científico, esse período foi marcado pelo materialismo ("tudo o que existe é matéria" é a máxima da época) e pela visão mecânica do funcionamento do mundo e do corpo humano. A maioria dos médicos europeus aceitava somente o que podia ser diretamente observável e valorizava os métodos experimentais.

Segundo Larry Dossey:[17]

> A consciência estava sendo vista cada vez mais como um processo material, que podia ser igualado aos mecanismos do cérebro físico ou como parte deles. (...) Mais tarde, em meados do século XIX, médicos e cientistas haviam começado a redescobrir uma antiga verdade: que a mente humana podia afetar o corpo que a abrigava, e, às vezes, gravemente.

Isso ficou muito claro com o trabalho de Phillipe Pinel (1745-1826). Este médico francês, considerado o fundador da moderna psiquiatria,[18] foi um dos principais responsáveis pelo conceito da origem biológica da doença mental e de seu tratamento com remédios e humanismo – derrubando a ideia de que esse tipo de distúrbio era causado pelo demônio e deveria ser curado pelo exorcismo.

Trabalhos pioneiros como o de Sigmund Freud, na psiquiatria, e de Ivan Pavlov, sobre o reflexo condicionado, enriqueceram os argumentos científicos quanto à consideração das emoções e dos sentimentos para a saúde.

A partir dos anos de 1960, o interesse pela medicina integrativa cresceu, e a união das medicinas tradicional e contemporânea a áreas afins foi praticamente oficializada. A contribuição mais recente para esta nova visão da saúde e da vida humana foi propiciada pela física quântica. Esta, que desde o final do século XIX passou a romper com os paradigmas do pensamento mecanicista, mudou nossa maneira de perceber os fenômenos do universo e nos conduziu a outras ciências e saberes.

wPortanto, a medicina convencional resgata agora, da medicina ancestral, o conceito bio/psico/sócio/espiritual do ser humano, reforçando o princípio de que **a cura está associada à reconexão, ou seja, à religação* do ser humano ao seu aspecto divino ou essencial**.

Entretanto, hoje também podemos contar com o que existe de melhor nas conquistas científicas – da neuroimunologia à célula-tronco, da cirurgia à nanotecnologia, da modulação hormonal à quântica. Estamos diante de inúmeras possibilidades para a vida humana!

Pela primeira vez no mundo,
podemos viver mais e melhor!
Você deve aproveitar essa oportunidade!

* A palavra "religação" deriva de "religião", que, do latim *religare*, significa ligar novamente. (N.E.)

É importante lembrar que também estamos biologicamente em rede – isso não é privilégio da tecnologia da informação ou da internet. **Mente, corpo e espírito estão interligados**, nosso corpo funciona de modo sistêmico, ou seja, tudo em nosso organismo está inter-relacionado; a manutenção da vida necessita de um trabalho conjunto. E, mais importante: não existe cópia nem imitação. O **DNA comprova: cada ser humano é único!**

Por esta razão, o programa de Gestão de Idade® possui uma proposta personalizada e multidisciplinar. Isso significa que o tratamento preventivo e de controle do envelhecimento é específico para cada paciente e realizado com base em ***seis pilares*** fundamentais que, dependendo dos resultados desejados, podem ser seguidos em conjunto ou separadamente.

Conheça os seis pilares da Gestão de Idade®

- **1º Pilar – Mente e corpo.** Técnicas de meditação e conceitos da física quântica aplicados ao bem-estar mental, espiritual e aos processos de prevenção e cura. Prevenção e tratamento do estresse em qualquer idade e fase da vida.
- **2º Pilar – Modulação hormonal.** Dirigida a pacientes que apresentam declínio dos níveis hormonais, causado pelo envelhecimento e seus principais sintomas, como o deterioramento físico. Para readquirir o estado hormonal saudável e balanceado, sem efeitos indesejáveis, a modulação hormonal emprega hormônios bioidênticos[19] de maneira personalizada.
- **3º Pilar – Alimentação antienvelhecimento.** Os alimentos funcionais representam uma poderosa ferramenta para o fortalecimento do sistema imunológico e para a prevenção das doenças relativas ao envelhecimento. A adequação de alimentos balanceados a cada

paciente é fundamental para lhe trazer resistência, energia e controle do colesterol e para a prevenção da obesidade, da constipação, do câncer do cólon, entre outros.

- **4º Pilar – Suplementos nutricionais.** Indicados como suporte para enfrentar a vida agitada, corrida e estressada da atualidade. Pesquisas mostram que mesmo mantendo uma alimentação balanceada, a ingestão de micronutrientes é insuficiente, uma das principais causas das chamadas doenças degenerativas e de mortes em todo o mundo.
- **5º Pilar – Exercícios regulares.** Orientação para atividades físicas regulares visando prevenir o enrijecimento das articulações, a ativação do metabolismo, a prevenção da perda de massa muscular, a melhora da depressão, entre outros. Para a sua formatação, esses programas consideram o estilo de vida de cada paciente.
- **6º Pilar – Estética.** Todos conhecem o papel da autoestima para o equilíbrio emocional e a qualidade de vida das pessoas. Neste pilar, indicamos o programa de estética mais adequado a cada idade e caso – desde pequenas correções, buscando a harmonia da face e do corpo, até procedimentos antienvelhecimento.

A partir do próximo capítulo, você vai conhecer, um a um, cada pilar que lhe possibilitará obter mais qualidade de vida e controlar o envelhecimento.

Preceito nº 3

TRATE O CORPO INTERNO E EXTERNO COMO UM TODO!

A verdadeira saúde do ser humano é o equilíbrio entre corpo, mente e espírito. Coloque em prática os seis pilares da Gestão de Idade®:

1. Mente e corpo;
2. Modulação hormonal;
3. Alimentação antienvelhecimento;
4. Suplementos nutricionais;
5. Exercícios regulares;
6. Estética.

Com eles alcançaremos esse equilíbrio e bem-estar.

Parte II

O tratamento interno

Capítulo 4 – 1º Pilar – Mente e corpo

"Quando ouvia a palavra 'meditação', logo associava a um culto ou simplesmente relaxamento. No programa Gestão de Idade®, aprendi a meditar e fiquei surpreso como isso melhorou a minha vida, na saúde, no bem-estar, na harmonia dentro de meus relacionamentos, entre tantos outros benefícios."

I.E.P., 38 anos, juiz de direito

Desde muito cedo, percebemos que a nossa existência não se limita ao corpo físico. Sentimos existir "algo" em nós que não se toca com as mãos e não se vê com os olhos, mas que está presente em nossa vida vinte e quatro horas por dia. Os nomes dados a esta sensação variam de pessoa para pessoa: alma, espírito, pensamento, energia. O que importa é que esta experiência demonstra algum tipo de força sutil integrando o processo da vida, como o ar que respiramos e o sangue que corre em nossas veias.

A não consideração desta sensação e dos sentimentos do paciente na compreensão da doença, por parte da medicina convencional, levou muita gente, no mundo ocidental, especialmente a partir da década de 1960, a buscar alternativas terapêuticas que incluíssem o fator "não mecânico" da saúde – seja para complementar tratamentos ou para atingir o bem-estar e o equilíbrio emocional.

Uma outra razão para a busca de terapêuticas alternativas foi o desconforto sentido pelas pessoas em relação às consultas médicas modernas, cada vez mais rápidas e impessoais. A exceção ficou limitada aos "médicos da família", que costumam acompanhar o paciente por muitos anos e que consideram os vários aspectos da vida do enfermo para realizar seu diagnóstico.

Como vimos no capítulo anterior, **sabedorias milenares que resistiram ao tempo e a mudanças históricas consideravam a energia como**

um componente natural da existência, fato ignorado pela teoria mecanicista que influenciou a medicina a partir dos séculos XVII e XVIII (veja o quadro *Mente sem corpo, corpo sem mente*).

As terapêuticas alternativas que a chamada geração *baby-boomer*[*] buscou resgataram práticas associadas a conhecimentos milenares e a produtos naturais, além de técnicas como massagens, yoga, acupuntura e meditação. A terapêutica homeopática, que considera o paciente de forma integral (corpo e mente)[1] passou a ganhar adeptos na Europa, nos Estados Unidos e até na Índia, berço da medicina ayurvédica.[2] No Brasil, ela é reconhecida como especialidade médica desde 1980.[3]

Assim, a observação a respeito da influência dos pensamentos, sentimentos e do modo de vida sobre nossa saúde e bem-estar foi ampliando o seu espaço, retomando o antigo conceito de que mente e corpo não podem ser percebidos separadamente e que a mente produz forte influência sobre nosso físico.

Alguns registros revelam que esta observação já estava presente no meio científico, como comenta o estudioso William R. Lovallo,[4] citando uma palestra de 1928 do famoso fisiologista e pesquisador do estresse, Walter Cannon,[5] realizada na Sociedade Médica de Massachusetts.[**] Ele relatou o caso de uma mulher saudável que, um dia, ao sair à rua, viu seu marido ao lado de outra mulher, em uma situação que lhe provocou suspeita e ciúme. Enciumada, a esposa trancou-se em casa por vários dias,

---

* Chamam-se *baby-boomers* pessoas nascidas entre 1946 e 1964, período em que ocorreu uma explosão na taxa de natalidade no mundo. É considerada a geração que mudou o mundo, pois participou ou testemunhou grandes transformações políticas, sociais e culturais. Sua influência foi bastante sentida e divulgada nos Estados Unidos, mas o mesmo fenômeno ocorreu na maioria dos países desenvolvidos. Deve-se a esta geração conquistas como a da seguridade social, por exemplo, e o ponto alto das conquistas femininas contra a opressão e pela igualdade, iniciada no século anterior. A esta geração também estão ligados o surgimento do consumismo, do *rock and roll*, do movimento *hippie*, da contestação política e social, dos movimentos pela paz, do *fast-food*, da ideologia libertária, da revolução sexual, entre outros.

** Em inglês: Massachusetts Medical Society. (N.E.)

com medo de ver a cena novamente. Quando uma amiga a convenceu a sair, ela não foi muito longe. Seu coração batia forte e ela sentiu um aperto no peito e na garganta como se fosse engasgar. Esses sintomas se repetiam a cada vez que tentava sair de casa, a ponto de achar que iria morrer na rua. Ela não apresentava nenhum problema cardíaco, mas o pequeno esforço de sair de casa provocava nela um enorme estresse (veja quadro *Estresse, o vilão da saúde*).

A constatação de que um evento psicológico marcante pode mudar o estado físico de uma pessoa, segundo o doutor Lovallo, nos leva a pensar "como uma ideia pode mudar o corpo"? Ele argumenta:

> *A verdade é que nós compreendemos como uma bactéria ou um vírus pode invadir nosso corpo e como uma doença cardíaca se desenvolve nas artérias do coração, mas ainda não estamos completamente à vontade com a ideia de que um processo psicológico, como as emoções e as características de personalidade, pode influenciar um idêntico processo de doença.*

Na medicina, a resposta para essa compreensão não foi dada apenas pela fisiologia. Como destaca o especialista em psiconeuroimunologia Alan Watkins:[6]

> *O século XX testemunhou uma revolução nesta área e na ciência em geral que (...) produziu um considerável aumento de nossa compreensão com relação aos mecanismos celulares básicos envolvidos em quase todas as doenças. Ampliamos nosso conhecimento sobre como diferentes sistemas internos do corpo interagem e como a quebra da cooperação entre estes diferentes sistemas pode estabelecer a base para o desenvolvimento e o progresso de uma doença. (...) agora, uma quantidade substancial de provas científicas nas*

áreas de neuroendocrinologia, neuroimunologia, neurobiologia, nutrição e medicina comportamental sugerindo que nossos sistemas autônomo, endócrino e imunológioco não são autônomos, mas interagem, dialogando um com o outro e também com os centros de percepção maiores e os centros emocionais, límbicos, para manter a saúde e lutar contra a doença.

Estresse, o grande vilão da saúde

Vários ramos da ciência demonstram que o estresse mal-adaptado produz influências danosas em nosso organismo e em nossa qualidade de vida.

É importante lembrar que, cientificamente, estresse é o nome dado à nossa resposta natural e à nossa adaptação aos desafios internos e externos que vivenciamos. Nosso organismo possui vários sistemas para coordenar essas repostas. Em caso de má-adaptação, podemos sofrer:

alterações em nossos órgãos e sistemas, dentre os quais o imunológico, o cardiovascular e o metabólico;

alterações na função cerebral, gerando distúrbios psicológicos, como depressão, ansiedade e desordens da dor;

aceleração do envelhecimento físico, afetando a nossa aparência, e fisiológico, afetando as células e tornando-as vulneráveis.

Por serem tomadas como alternativas, as chamadas terapias mente-corpo infelizmente deram espaço também para que pessoas sem nenhuma base científica passassem a utilizar este termo com o único objetivo de lucrar com a venda de produtos "naturais" sem controle oficial e de livros sobre o assunto, confundindo o público quanto à seriedade do conceito. Apesar disso, a autêntica área deste movimento promoveu uma verdadeira revolução nos tratamentos de saúde, que passaram a **"reconhecer a profunda interconexão entre a mente e o corpo, a capacidade inata do próprio corpo se curar e o papel da autorresponsabilidade no processo de cura"**.[7]

Essa interconexão foi comprovada cientificamente por diferentes áreas de estudo. Por exemplo, na psiconeuroimunologia (PNI), pesquisadores descobriram substâncias naturais de nosso corpo – os peptídeos, moléculas formadas por aminoácidos – que atuam como mensageiras nas células. Quando atuam nas células cerebrais, os neuropeptídeos podem causar alterações de humor, dor e prazer. Entre as primeiras substâncias identificadas estavam as endorfinas, também denominadas "analgésicos do cérebro", que, quando liberadas, produzem sensações agradáveis.

Segundo a consagrada cientista Candace Pert,[8] os estudos realizados em seu laboratório sugerem que os cinco sentidos – visão, audição, olfato, paladar e tato – são filtrados, e que suas lembranças são guardadas em "moléculas da emoção" (termo criado por ela), principalmente pelos neuropeptídeos e seus receptores, em todos os níveis do corpo-mente. Para ela, as moléculas da emoção colorem nossa percepção e, portanto, a nossa criação da realidade. O cientista em biologia celular, Bruce H. Lipton, explica que as experiências de sua colega, Candace Pert, a levaram à conclusão de que a "mente" não se concentra apenas na cabeça, mas está distribuída em moléculas sinalizadoras presentes no corpo todo. "Enquanto o uso apropriado da consciência pode tornar saudável um corpo doente, o controle inconsciente inapropriado das emoções pode causar muitas doenças", diz Lipton.[9]

A física entrou em nossa casa

Como já mencionamos, não foram apenas as ciências ligadas à saúde que influenciaram as mudanças na medicina ocidental nos últimos séculos. A religião, a filosofia e a física tiveram grande participação em sua transformação, tanto na maneira de perceber o ser humano quanto nos modelos de atuação da medicina convencional – até hoje predominantemente mecanicista.

Uma das mais recentes e importantes influências suscitadas à medicina contemporânea, e que vem revolucionando o pensamento médico, utiliza conceitos da mecânica quântica para alcançar uma nova visão sobre a doença e a cura. Em alguns países, este modelo terapêutico é chamado de medicina quântica e tem entre seus maiores divulgadores o médico indiano, radicado nos Estados Unidos, Deepak Chopra. Outros estudiosos, como os físicos Amit Goswami, Danah Zohar e Fritjof Capra também têm explicado, em linguagem acessível, a influência dos princípios da física em nossa vida, e o conceito de consciência e felicidade.

Tudo começou com as descobertas do cientista Max Planck (1858-1947).[10] Segundo artigo do professor Almir O. Caldeira, na revista eletrônica *ComCiência*:[11] "Planck formulou hipóteses revolucionárias que culminaram na elaboração de uma nova física, capaz de descrever os estranhos fenômenos que ocorriam em escala atômica: a mecânica quântica."

A formulação da mecânica quântica teve a participação de vários cientistas jovens na época, entre os quais Albert Einstein, criador da Teoria da Relatividade, que colocou em xeque tudo o que o mundo sabia sobre espaço e tempo. E demonstrou que a matéria nada mais é do que uma forma de energia, como diz Fritjof Capra.[12] Conforme explica o professor Caldeira:

> A quântica "descreve o comportamento da matéria na escala do 'muito pequeno', ou seja, é a física dos componentes da matéria – átomos, moléculas e núcleos – que, por sua vez, são compostos pelas partículas elementares".

Para o leitor versado em física, este é um conceito fácil de compreender. Para a maioria das pessoas, porém, talvez seja mais simples entender alguns de seus resultados práticos. Assim, o professor exemplifica:

> Sem a mecânica quântica não conheceríamos inúmeros objetos com os quais lidamos corriqueiramante hoje em dia. Como exemplo podemos mencionar o nosso aparelho de CD, o controle remoto de nossas TVs, os aparelhos de ressonância magnética em hospitais ou, até mesmo, o microcomputador que ora usamos na elaboração deste livro. Todos os dispositivos eletrônicos usados nos equipamentos da chamada *high-tech* só puderam ser projetados porque conhecemos a mecânica quântica.

Os princípios da física quântica trouxeram respostas para fenômenos inexplicados pela teoria mecanicista. E com uma diferença: enquanto a ciência clássica precisou de séculos para se consolidar, a física quântica pautou a ciência e a cultura em praticamente 50 anos! Não sem motivo, muitas pessoas ainda estão perplexas diante das novas formas de pensamento, enquanto outras sequer pararam para refletir sobre o assunto. Tudo mudou, e rapidamente.

A aplicação da teoria quântica nos conduziu ao "pensamento sistêmico" ou contextual, em que a vida é percebida de forma integrada, ou seja, a partir de relações entre as partes. Este novo paradigma influenciou todas as áreas do conhecimento – das ciências exatas à filosofia, passando pela economia e pela vida corporativa.

Na biologia, essa linha de pensamento encontrou suporte nos estudos experimentais detalhados de células, tornando claro, segundo Fritjof Capra, que:

> O metabolismo de uma célula viva combina ordem e atividade. Já na década de 1920, o biólogo Ludwig von Bertalanffy dizia que os "organismos vivos são sistemas abertos porque precisam se alimentar de um contínuo fluxo de matéria e energia extraídas do seu meio ambiente para permanecerem vivos".[13]

Saúde quântica

A revolução quântica mudou nossa visão do mundo ao comprovar que tudo à nossa volta está interconectado, como em uma imensa rede, em constante atividade – e não seria diferente com os sistemas que envolvem nossa vida e saúde.

Na visão quântica da saúde, o ser humano repete o que ocorre no universo, em escala humana. Assim, tudo em nosso corpo está interconectado, o que significa mudar o olhar sobre a saúde e a doença, unir as melhores conquistas da medicina contemporânea ao conceito tradicional de que cada ser humano é único, integrado e dotado de energia própria.

Hoje já se sabe que, para manter a saúde e o equilíbrio de seus mecanismos reguladores, nosso corpo necessita manter um adequado e contínuo intercâmbio de energias com seu meio ambiente. Assim, a doença nada mais é do que a consequência de um desequilíbrio energético que se manifesta em nosso físico.

A cura é alcançada pela reordenação dos elementos discordantes, e isso pode ocorrer de modo natural, por intermédio dos mecanismos de defesa próprios do corpo. Porém, na maioria das vezes a ajuda médica é necessária, pois, de acordo com o olhar quântico, ela irá considerar o paciente sob o ponto de vista global. Ou seja, além de ouvir às suas queixas, o profissional da saúde irá procurar conhecer sua personalidade, seu propósito de vida, suas relações no trabalho, seus projetos, suas relações familiares, sua alimentação e sua atividade física, entre outros aspectos.

A maior vantagem do enfoque quântico da saúde é a possibilidade de realização de tratamentos absolutamente individuais e de acordo com as necessidades únicas de cada pessoa.

Nosso programa de Gestão de Idade® considera a proposta do físico Amit Goswami para a saúde. Ele mergulhou na sabedoria de tradições milenares, como a indiana – que admite a existência de corpos sutis no ser humano[14] –, para compreender os processos ancestrais de cura que permaneceram intocados ao longo dos tempos, colocando-a, em seguida, sob a ótica da física quântica. O professor Goswami tornou-se, desse modo, uma das principais vozes a unir o que a medicina tradicional desuniu: a matéria e o espírito.

O conceito quântico não admite fenômenos isolados. A consciência – ou o pensamento – desempenha importante papel na criação de uma realidade. Goswami afirma que não possuímos apenas corpo e mente, mas 5 corpos de consciência superpostos: físico, vital, mental, supramental e de beatitude, este último ilimitado.

Aplicado à saúde, esse paradigma demonstra que a maioria das doenças ocorre, simultaneamente, em mais de um dos cinco corpos da consciência – podendo originar-se em um deles e se espalhar para os outros.

A doença se instala quando há uma desconexão entre as partes. Para que a cura verdadeira ocorra, é preciso ocorrer a religação, a reconexão das partes.

Conforme o médico Fernando Bignardi:

> A ação de mudar do modelo mecânico newtoniano para uma concepção multidimensional inspirada na física quântica foi fundamental para compreender melhor o processo de adoecer do ser humano.
>
> Neste modelo, que considera as dimensões: **física** (órgãos e sistemas), **metabólica** (fluido composto por sangue e linfa que integra e comunica os sistemas), **vital** (relacionado aos ritmos do corpo: sono, apetite, excreções, respiração etc.), **mental** (postura física e atitude mental diante da realidade interna e externa) e **supramental** (espiritualidade como "arquivo" da missão essencial e da individualidade) do ser humano, pode-se identificar uma cascata de causalidade descendente que se inicia quando a pessoa se desconecta de sua vocação essencial (dimensão supramental ou espiritual) e constrói modelos mentais de vida ancorados numa percepção ilusória da realidade com valores circunstanciais como a ambição material baseada no poder alcançado pela violência, conhecido como Androcracia.[15]

Comprometido com o conceito de que nossos pensamentos e emoções influenciam profundamente nossa saúde, nosso programa antienvelhecimeto destaca o papel primordial da **meditação** para a conquista do equilíbrio e a prevenção das doenças.

Destacamos ainda que esta prática tem sido utilizada em diversos estudos e pesquisas científicos que comprovaram sua profunda atuação no organismo humano, demonstrando melhoras em quadros de estresse hipertensivo, cardiopáticos e de ansiedade. Nas corporações, a meditação tem sido usada para controlar o estresse e até melhorar a produtividade.

O poder da mente

Todos já lemos ou ouvimos algo a respeito do poder de nossa mente. Quantas vezes pensamos em uma pessoa e ela logo aparece ou nos telefona? E quantas vezes nos surpreendemos positivamente ao darmos razão a um pressentimento que nos livrou de uma situação ruim? Recebemos inúmeras provas diárias da força do nosso pensamento. Porém, poucos refletem sobre o verdadeiro significado desses sinais – o de que nossa mente trabalha, também, em dimensões mais sutis, e que, assim como é capaz de nos proteger por meio da intuição, também nos possibilita fazer escolhas e mudanças cruciais para o nosso corpo e a nossa vida.

Em 1932, em seu livro *A verdade da vida*, Masaharu Taniguchi, Ph.D. (1893-1985), fundador da Seicho-No-Ie, já dizia:

> A célula é a argila, a mente é o escultor e o corpo humano é a escultura. A criatura humana é um ser detentor do direito e poder de moldar, na forma que desejar, tudo o que

se refira ao corpo carnal. O número de células do corpo humano é avaliado em 75 trilhões. Essas células, em quantidade tão imensa, executam diversas funções em rigorosa ordem. Quem controla esta ordem? É a mente. Se a mente for retirada, as células deixarão de realizar tais funções. (...) A mente possui absoluto controle sobre todas as células do corpo quanto às funções que cada uma deve executar. Quando a mente humana renuncia a esse controle, as células funcionam de maneira imperfeita, causando disfunções. A isto se dá o nome de doença.[16]

O mestre Taniguchi, há mais de meio século, definiu, de maneira das mais compreensíveis, o que hoje entendemos como medicina integral.

Em direção diferente, mas também referindo-se à questão do poder do pensamento, o pastor anglicano e escritor Norman Vincent Peale escreveu, em 1952, um dos maiores best sellers de todos os tempos – e sempre atual: *O poder do pensamento positivo*.[17] Este livro teve o importante papel de popularizar o conceito de podemos mudar nossa vida ao mudarmos nossos pensamentos.

Livros como este, e os incontáveis que surgiram desde então, vieram atender, sob medida, à aspiração do ser humano de perceber-se portador de recursos próprios e de competências inimagináveis, capazes de operar em vários níveis da existência.

Na década de 1970, a compreensão sobre esse tema ganhou novos rumos. E um dos pioneiros nesse assunto foi o médico indiano radicado nos Estados Unidos, e chefe de equipe do Memorial Hospital de Nova York, Deepak Chopra. Chopra resolveu estudar meditação transcendental (MT). Segundo suas próprias palavras, o médico e também filósofo revela:

> Fui atraído por dois motivos, um de ordem pessoal e outro profissional. O motivo pessoal era a promessa de crescimento interior, a procura pelo alcance de um estado de maior desenvolvimento mental e espiritual. O de ordem profissional devia-se às importantes pesquisas sobre MT realizadas naquela época em Harvard, Yale, MIT, Stanford e várias instituições. Elas estabeleciam que a meditação era um fato real, isto é, que produzia efeitos tangíveis. Quase seis mil médicos norte-americanos já tinham aprendido MT e a prescreviam a seus pacientes.[18]

Atualmente, Chopra é concorrido palestrante e autor de mais de 35 livros, todos best-sellers, nos quais aborda os amplos benefícios da meditação para a vida humana e planetária. Ele também se tornou um grande divulgador da sabedoria tradicional Ayurveda (ciência da vida). Com sua linguagem acessível e envolvente, Chopra conseguiu unir a sabedoria oriental à cultura ocidental e às mais avançadas teorias científicas.

Nas décadas seguintes, jornais, revistas e livros publicaram, exaustivamente, reportagens e depoimentos que evidenciavam o poder do pensamento, da fé, do amor, da gratidão e do otimismo com risos alegres nos processos de cura, na prevenção de doenças e na longevidade saudável.

O premiado autor Sherwin B. Nuland, MD, Ph.D., esclarece em seu livro *A arte de envelhecer*:

> Pesquisas recentes em neurociências vêm demonstrando a extraordinária capacidade do cérebro humano de influenciar o seu próprio envelhecimento (...) vivemos na bioquímica do nosso corpo, não nos anos; vivemos na interação entre essa bioquímica e o seu maior produto – a mente humana (...)[19]

Sobre a capacidade de atuação da mente nas várias esferas do corpo, o conceituado psicólogo e jornalista científico, Daniel Goleman, autor de *Inteligência emocional*, realizou experiências meditativas pessoais e revela seus resultados em *A arte da meditação*[20] citando os benefícios dessa prática, inclusive para a vida profissional. Goleman lembra que a meditação treina nossa atenção e nosso foco, o que a diferencia de muitas outras formas de relaxamento que permitem à mente divagar à vontade. Ele diz:

> Verificou-se, por exemplo, que a meditação aperfeiçoa as habilidades humanas de captação de sutis manifestações no ambiente e de prestar atenção ao que está acontecendo, em vez de deixar a mente dispersar. Essas habilidades possibilitam, à pessoa que medita, estabelecer uma relação de profunda empatia ao conversar com alguém, porque ela consegue focar no que a outra pessoa está fazendo e dizendo, além de captar as mensagens ocultas que são transmitidas.

Meditação e o universo das possibilidades

Adotada em várias partes do mundo, seja como prática religiosa, espiritual ou curativa, a meditação data de mais de cinco mil anos. A palavra se origina do latim *meditare,* que significa “estar em contemplação ou reflexão”.

A maioria das técnicas meditativas têm origem em tradições espirituais ou religiosas do Oriente. Porém, hoje em dia, muita gente em todo o mundo emprega a meditação sem cunho tradicional, religioso ou cultural, com o único objetivo de manter a saúde e o bem-estar.[21]

Essa prática tornou-se mais popular no Ocidente a partir dos anos 1960, quando também passou a ser adotada como recurso terapêutico complementar para diferentes problemas de saúde, merecendo a atenção de cientistas e pesquisadores.

A meditação foi a primeira técnica mente-corpo a ser integrada formalmente à área da saúde e incorporada a programas terapêuticos de hospitais e clínicas, não apenas nos Estados Unidos, mas também em muitos outros países. Nos EUA, existem 10 milhões de praticantes de meditação e no restante do mundo, centenas de milhões.[22]

Existem mais de cem técnicas de meditação, muitas das quais passaram a ser cientificamente estudadas, objetivando, principalmente, a sua ação benéfica à saúde e ao controle das doenças relacionadas ao envelhecimento.

Como exemplo importante, o PubMed,[23] site mantido pela maior biblioteca de medicina do mundo, a Biblioteca Nacional de Medicina dos Estados Unidos* – que disponibiliza artigos de reconhecido valor científico –, indicou que, entre 1966 e 2006, foram encontrados 674 trabalhos que relacionavam a meditação à saúde.

Nos últimos cinquenta anos, a meditação tornou-se um complemento terapêutico cada vez mais presente nos campos clínico e psíquico, de importância fundamental nas terapias laborais e de prevenção a patologias.

Estudos demonstram que essa prática gera impactos cada vez mais fortes no tratamento das neoplasias e das quedas imunológicas e nas alterações psicofísicas em geral. A ação direta da meditação, como já mencionamos, tem sido progressivamente aceita como excelente opção terapêutica e preventiva da ansiedade, do estresse, das doenças cardiovasculares e da hipertensão.

O que é e como praticar a meditação

Primeiramente é preciso esclarecer que "a meditação não é, absolutamente, uma teoria. É pura prática. Falar sobre ela, discutir sobre ela, ou ler longos textos sobre o assunto, são apenas estímulos para que você a pratique", diz o doutor em medicina Roberto Cardoso, um dos grandes

* Em inglês: United States National Library of Medicine. (N.E.)

estudiosos desse tema em nosso país, com trabalhos publicados em instituições de pesquisa em saúde no Brasil e no exterior.[24]

Assim como existem mais de cem técnicas de meditação, as definições para essa prática também são inúmeras, dentre as quais destacamos:

- é um processo de consciência mental que induz a um conjunto de mudanças psicológicas integradas, chamado resposta de relaxamento;
- é um exercício mental para melhorar o desempenho da mente;
- é a capacidade que o indivíduo tem de se desligar do ambiente e se colocar em situação contemplativa; e
- é um estado psicofísico que permite atingir um relaxamento muscular e mental diferente do sono, levando ao bem-estar e à harmonia com o ambiente.

Com o objetivo de catalogar cientificamente a meditação entre os procedimentos de saúde, buscou-se, mediante pesquisas realizadas na Universidade Federal de São Paulo (Unifesp), a definição operacional dessa prática. Desse modo, para ser caracterizada, a meditação requer:

1. Uso de uma técnica específica (claramente definida).
2. Relaxamento muscular em algum ponto do processo (como indicador do relaxamento psicofísico).
3. Relaxamento da lógica (não se envolver em sequências de pensamentos).
4. Deve ser, necessariamente, um estado autoinduzido.
5. Utilizar um "artifício de autofocalização" (cognominado "âncora").[25]

Para iniciar o processo da meditação é fundamental:

- um lugar sossegado – a meditação é normalmente praticada em local tranquilo, com mínima interferência externa possível. Isso é especialmente importante para os iniciantes;

- uma postura específica e confortável – dependendo da técnica a ser praticada, pode-se meditar sentado, deitado, em pé, andando ou em outras posições;
- usar o recurso da âncora – pode-se usar um mantra (sons específicos que têm como objetivo produzir uma vibração física e espiritual), uma palavra-chave ou uma série de palavras, um objeto ou a sua própria respiração; e
- atitude aberta – deixar a sequência de pensamentos e sentimentos ir e vir naturalmente, sem fazer avaliações. Não esperar nada, não fazer juízo de nada nem de ninguém. Este provavelmente é o aspecto mais sutil da meditação.

Quanto à técnica ou ao método a ser adotado, é importante que cada pessoa encontre aquele que se identifique com seu modo de ser e estilo de vida: pode ser a meditação transcendental, a zen budista, *shinsokan, dhyana*, entre outras.

Explicaremos a seguir uma técnica básica de meditação, bastante simples, excelente para o início desta prática e para a percepção de seus benefícios. Em pouco tempo, você conseguirá observar seus efeitos.

Técnica básica de meditação

Na meditação, é fundamental entender os conceitos de "âncora" e de "relaxamento da lógica" (veja figura).

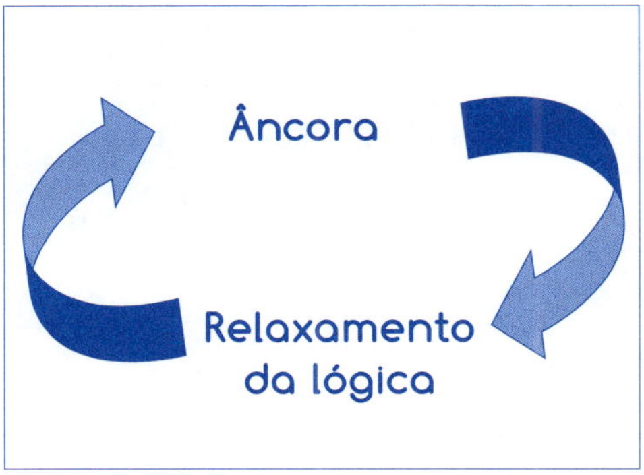

Antes de prosseguirmos, é importante lembrar quais são os estágios de ondas cerebrais pelos quais passamos todos os dias – desde a vigília até o sono profundo, e que podem ser registrados com o uso do eletroencefalograma (EEG).[26] As **ondas beta** estão ligadas ao pensamento analítico. As **ondas alfa**, associadas à consciência desperta e relaxada. Já as **ondas teta** (theta) normalmente são produzidas em estado do sono ou de intensa criatividade. E as **ondas delta e gama** ocorrem unicamente quando estamos em sono profundo.

No processo meditativo, as ondas encefalográficas beta cedem lugar para ondas alfa, teta, delta e gama.

Na maior parte do tempo em que estamos acordados, em plena atividade cerebral, permanecemos em ondas beta. São as ondas beta que nos mantêm o tempo todo em uma sequência de pensamentos que chamamos de "diálogo interno", cujo nome se refere a uma "vozinha" que parece falar sem parar dentro do nosso cérebro:

"agora vou pagar a conta... onde coloquei a conta?... antes vou ao banheiro... ai, esqueci de pegar a pasta e o envelope... a esta hora meu filho já deve estar em casa... preciso acabar aquele relatório hoje... nossa, o chefe está com uma cara..."

Não é assim que a nossa cabeça trabalha durante a maior parte do tempo? A "âncora" é responsável por ajudar a silenciar esta "vozinha".

Ela funciona como um eixo para evitar que continuemos envolvidos com uma sequência de pensamentos, como a que exemplificamos.

Esse diálogo interno precisa ser "silenciado" durante a prática da meditação, mesmo quando os pensamentos são positivos. Como fazer isso? Você escolhe a sua âncora: pode ser um mantra ou uma frase, como na meditação indiana; ou como na meditação *Shinsokan*, da Seicho-No-Ie, em que se adotam frases e a respiração,[27] ou, ainda, somente a respiração.[28]

Iniciado o processo, você ainda não está livre do retorno da onda de pensamentos, mas ela deve ser afastada. Recorra novamente ao recurso da âncora. Aos poucos, o seu diálogo interno irá se acalmando, até chegar ao silêncio absoluto.

É nesse estágio que as ondas beta cedem lugar para as outras ondas e atingimos o chamado **relaxamento da lógica**, ou seja, o momento privilegiado que, em meditação, significa **atenção,** palavra usada para determinar que continuará consciente, ao mesmo tempo em que sente um enorme bem-estar, uma sensação agradável, amena, de acolhimento, de equilíbrio, uma felicidade que vai perdurar por todo o seu dia.

Para quem acredita em Deus, é como encontrar-se com Ele.

Uma pergunta que muita gente nos faz quando está iniciando a técnica da meditação é: como saberei se consegui realmente entrar nesse estágio? Além das sensações que citamos anteriormente, vários sinais poderão trazer essa resposta, por exemplo, enxergar uma luz branca ou lilás, perceber manifestações na pele, como um prurido, por exemplo. O importante é que você se entregue à sensação, seja ela qual for, sem interromper o processo.

Em uma visão básica, meditação é um simples dueto, que envolve a âncora (habilidade autofocada) e o relaxamento da lógica. A pessoa irá gradualmente exercitar sua capacidade de focar na âncora.

Para iniciar, caro leitor, você poderá fazer a meditação baseada na descrição de Cardoso[29] durante o primeiro mês:

Meditação básica

- Pratique diariamente de manhã e à noite.
- Escolha um lugar silencioso sem interrupção, permanecendo imóvel durante 20 minutos, de olhos fechados.
- Inspire contando de 1 a 3 distendendo o abdome.
- A seguir, suspenda a respiração e dê "uma paradinha", contando de 1 a 3.
- Expire contando de 1 a 3 contraindo o abdome.
- Mantenha a atenção voltada para o abdome e ritmo respiratório (âncora).

"A ciência sem a religião é paralítica –
a religião sem a ciência é cega."
Albert Einstein

Benefícios da meditação

A meditação pode ser praticada para inúmeros fins: desde tornar-se mais tranquilo e relaxar fisicamente até prevenir ou lidar com uma doença. O doutor Roberto Cardoso divide os efeitos da meditação, didaticamente, em: fisiológicos (sobre o corpo) e psíquicos (sobre a mente).

No início dos anos 1970, Robert Keith Wallace, Ph.D. em Fisiologia, estudou as alterações fisiológicas básicas da meditação, constatando: gasto mais baixo de oxigênio pelas células do corpo, desaceleração dos batimentos cardíacos e diminuição da condutância elétrica da pele, que indica estado de relaxamento. Em um segundo estudo, os mesmos benefícios foram confirmados.[30]

Em seu livro *A arte da meditação*, Daniel Goleman cita que programas realizados em Harvard e na Universidade de Massachusetts indicam sucesso no uso da meditação com centenas de hipertensos.

A meditação aumenta os níveis de serotonina, hormônio ligado ao bem-estar, e reduz os níveis de cortisol, aldosterona e noradrenalina, hormônios associados ao estresse, que, como referimos anteriormente, é o grande vilão da saúde e do envelhecimento precoce.

Outros trabalhos científicos comprovam ainda que essa prática beneficia a pele, os cabelos e o corpo, devido à sua ação positiva global no ser humano.

Outras vantagens da prática da meditação incluem: a autonomia, ou seja, a prática depende apenas da sua vontade, a gratuidade e a irrestringibilidade local. Com a prática, pode-se meditar em qualquer lugar, não há necessidade de escalar uma montanha ou se isolar, como muita gente pensa. Ao dominar a técnica, é possivel meditar até mesmo durante um trajeto de metrô.

A meditação é considerada uma prática absolutamente segura para pessoas saudáveis. Existem raras menções bibliográficas quanto à causa de piora de sintomas no caso de determinados problemas psiquiátricos, mas essa questão não foi ainda pesquisada em profundidade. Recomendamos, porém, que indivíduos portadores de problemas de saúde mental ou física conversem com seu orientador médico e esclareçam seu instrutor a respeito de sua condição, antes de iniciar a prática da meditação.[31]

A meditação nas organizações

Conhecemos muitas experiências positivas referentes ao uso da meditação nas corporações. Além dos benefícios habituais para a saúde, bem-estar e prevenção de estresse e de doenças, há relatos relacionados à melhora no clima de trabalho e à elevada concentração, produtividade e criatividade. Nos Estados Unidos, grandes empresas, inclusive, têm relatado o valor que esta prática agrega às suas equipes, em qualquer cargo ou função. A edição de março de 2007 da revista *Época Negócios* cita companhias como a IBM, Yahoo, McKinsey e Time Warner dentre as que integraram a meditação à sua rotina.

Preceito nº 4

MEDITE DUAS VEZES AO DIA!
Aquiete sua mente 20 minutinhos, de manhã, ao acordar, e à noite, ao dormir, por meio da MEDITAÇÃO, para obter equilíbrio interno e externo, alcançando a verdadeira felicidade.

Capítulo 5 – 2º Pilar – Modulação hormonal

"Estava nos meus 50 e muito desanimado. Comecei a pensar que já estava chegando ao fim da vida. Ao consultar a equipe da clínica, após questionários e exames, fui informado de que os principais hormônios estavam em níveis muito baixos. Segui a orientação – conhecida por 'Modulação Hormonal' – e qual a grande surpresa! Em pouco tempo de tratamento, reanimei e hoje sigo confiante com muito vigor físico e mental."

H. H., 52 anos, engenheiro

Todos conhecemos a importância dos hormônios para a nossa vida. Os hormônios sexuais, por exemplo, são referenciais para a demarcação das fases de nossa existência, pois definem, em nossa linha do tempo, quando entramos na puberdade, na maturidade e no envelhecimento. Mas por que são tão importantes?

A principal razão é porque dependemos dessas substâncias naturais para manter o equilíbrio do nosso organismo. São elas as responsáveis pela ativação de diversos mecanismos fisiológicos, como, por exemplo, o desenvolvimento ósseo, o crescimento, as funções digestivas e a formação do sangue. Os hormônios compõem uma verdadeira rede de comunicação entre as células e, por isso, são conhecidos como "mensageiros químicos". Quando essa rede funciona bem, assemelha-se a uma orquestra executando uma maravilhosa sinfonia.

A célula é a unidade fundamental que forma os seres vivos, e possuímos trilhões delas em nosso corpo. Inúmeros processos ocorrem no interior de cada uma delas para a manutenção da vida, como a nutrição, a produção de energia e a reprodução.

Além de todas as suas funções, as células possuem uma das características essenciais aos seres vivos: a sua capacidade de ajustar-se às condições do meio, a chamada plasticidade. Na ausência dessa característica, nossas possibilidades de sobrevivência seriam mínimas. A extinção de uma espécie ocorre quando a sua capacidade de ajuste é ultrapassada.[1]

No caso de organismos mais complexos, como o humano, por exemplo, as células estão sempre "escutando" e "respondendo" às mudanças. Ao considerarmos o indivíduo como um todo, o conjunto de células que o compõe deverá responder de maneira coordenada e harmoniosa. Daí a necessidade de um amplo e eficiente sistema de comunicação celular.[2] A falha nesta comunicação cria um espaço para que a doença se instale.

Os hormônios e o envelhecimento

Ao longo da vida e devido ao seu constante e natural processo de adaptação, nosso organismo passa por inúmeras mudanças. Consequentemente, nosso sistema imunológico não funciona hoje do mesmo modo que funcionava há alguns anos ou meses. À medida que o tempo passa, atingimos menos ganhos e sofremos mais perdas causadas por doenças, agressões externas, hábitos alimentares e físicos, além das tensões e dos desafios da vida – hoje sabemos que experiências emocionais e psicológicas, assim como a maneira como as encaramos, desempenham papel fundamental em nossa saúde.

Com o avançar da idade, esse conjunto de fatores nos torna mais vulneráveis a infecções e doenças crônicas, as chamadas doenças do envelhecimento. Até recentemente, essas doenças eram encaradas como fatalidades. Considerava-se que "faziam parte" dessa fase e que iriam perdurar até o final da vida. Mas hoje, felizmente, ao falarmos sobre esse tema, usamos sempre os verbos no pretérito.

Estudos científicos estão decifrando as mudanças que atingem nosso organismo e desenvolvendo as maneiras de diminuir as suas consequências. A análise dos fatores determinantes do envelhecimento e o exame das alterações da homeostase* facilitam a detecção dos pontos de risco que podem expor as pessoas às enfermidades e comprometer sua autonomia e qualidade de vida no futuro. Um desses riscos é o desequilíbrio hormonal.

A relação entre os hormônios e o envelhecimento tornou-se um importante tema de pesquisas científicas. O objetivo é verificar se a queda em sua produção, ou o seu desequilíbrio, seria a principal causa não apenas do processo de envelhecimento em si, mas, também, da incidência de doenças crônicas. Uma resposta definitiva ainda não foi encontrada, mas a observação indica que os hormônios impõem forte influência em todo o processo.

O trabalho sincronizado e "afinado" das células – como uma grande orquestra – ocorre graças aos estímulos que recebem dos seus mensageiros – os hormônios, os neurotransmissores e as citocinas.**

Conforme envelhecemos, a atividade desses mensageiros diminui provocando retrocesso das funções neuroendócrinas, *comandadas pelo sistema nervoso e pelas glândulas endócrinas (veja ilustração).* Em consequência, os órgãos produtores dos hormônios passam a secretar menos estrógenos nas mulheres (o que gera a menopausa) e menos testosterona nos homens (gerando a andropausa). A produção do hormônio da glândula suprarrenal, ou adrenal – o DHEA (dehidroepiandrosterona) –, também entra em queda, causando a chamada adrenopausa. Há ainda a redução na atividade do hormônio do crescimento, o que origina um processo denominado somatopausa (veja quadro *A orquestra hormonal*).

---

* Capacidade do organismo manter seu equilíbrio diante dos estímulos externos e internos. (N.E.)

** Moléculas que ativam as defesas do nosso organismo. (N.E.)

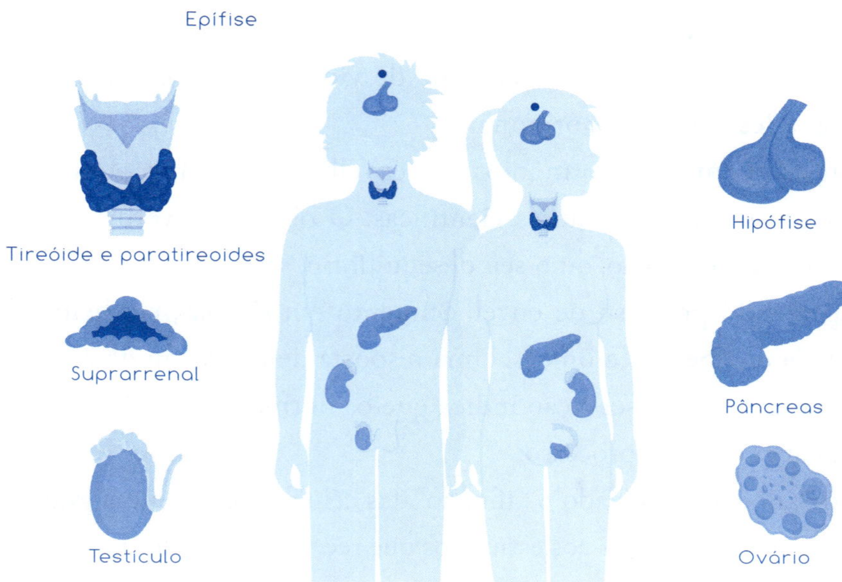

As glândulas endócrinas se situam em órgãos que não estão diretamente ligados. Porém, elas formam um verdadeiro sistema orgânico, ou seja, funcionam de maneira integrada. Os tecidos glandulares têm a função de produzir secreções; neste caso, substâncias hormonais que são levadas para o sangue e chegam até cada ponto do organismo no qual exercem a sua função. Por esta razão, qualquer alteração em um dos órgãos do sistema repercute na atividade dos demais.

Em contrapartida, um dos hormônios mais importantes à defesa do nosso organismo, o cortisol, pode ter seu nível aumentado, acelerando o processo de envelhecimento e facilitando a instalação de um fenômeno conhecido por estresse oxidativo.

Outro hormônio influente no processo de envelhecimento é a insulina, produzida pelo pâncreas, responsável por regular o nível de glicose no sangue. Seu desequilíbrio causa o diabetes tipo 2, uma das doenças mais temidas por ser crônica e pela possibilidade que apresenta de comprometer vários órgãos – por provocar a resistência do corpo à insulina.

Genericamente, todo esse processo degenerativo deve-se ao excesso de radicais livres que, quando não combatidos, promovem o envelhecimento precoce (sobre o qual falaremos no capítulo *Alimentação antienvelhecimento*, 3º Pilar do nosso programa de Gestão de Idade®).

As alterações hormonais também provocam mudanças físicas, como a diminuição da massa muscular e o aumento da massa gordurosa (obesidade), e psicológicas, como irritabilidade, depressão, insônia, queda da libido, entre outras. No envelhecimento, essas alterações ocorrem na síndrome metabólica, o conjunto de doenças mais frequentes ao envelhecimento e responsável pelas principais causas de morte por hipertensão, diabetes e manifestações neurológicas bruscas (ictus), como o acidente vascular cerebral (AVC).[3]

A orquestra hormonal

Veja como agem os principais hormônios envolvidos no processo do envelhecimento:

Hormônio do crescimento

Este hormônio é produzido diariamente pelo nosso corpo pela glândula hipófise, situada no cérebro, e é secretado em maior quantidade durante a noite, especialmente enquanto dormimos profundamente. Processado pelo fígado, este neuro-hormônio, responsável pela reparação e regeneração dos tecidos,[4] se transforma para atuar em todas as nossas células. Como o próprio nome indica, ele é responsável pelo nosso crescimento, e também é conhecido como GH ou HGH, sigla do termo em inglês: *human growth hormone*. O GH tem sido muito utilizado pela medicina para tratar crianças com déficit de crescimento e casos de baixa estatura sem causa definida.

Nos adultos, sua diminuição pode promover obesidade, flacidez, fraqueza e letargia, falta de interesse por sexo, perturbações do sono, reduzida capacidade de concentração, problemas de memória, cansaço e a sensação de pouca motivação para viver.[5]

O primeiro estudo sobre a relação entre o GH e o envelhecimento é relativamente recente. Foi divulgado em 1990 pelo doutor Daniel Rudman, endocrinologista e nutricionista da Faculdade de Medicina de Wisconsin (EUA).[6*] Rudman realizou um teste clínico com 21 homens saudáveis, de 61 a 81 anos de idade, que consistiu na aplicação de uma versão manipulada em laboratório do hormônio natural do crescimento humano. Após seis meses, os voluntários apresentavam características de rejuvenescimento em algumas de suas funções biológicas e em sua aparência. Na época, exageradamente, chegou-se a dizer que havia sido descoberta a fonte da juventude. Na verdade, Rudman estava dando início à chamada ciência antienvelhecimento.

Mais de uma década depois, cerca de 20 mil estudos clínicos de várias partes do mundo documentavam os benefícios da terapia com este hormônio para diminuir ou controlar os efeitos do envelhecimento humano, entre os quais:

- redução da gordura corporal;
- aumento da massa muscular;
- elevação do nível de energia;
- melhora na performance sexual;
- recuperação do tamanho dos órgãos vitais;
- restauração do sistema imunológico;
- fortalecimento dos ossos;
- redução do colesterol e da pressão sanguínea;
- cicatrização mais rápida;
- elevação da maciez e da firmeza da pele;
- recuperação dos cabelos;
- melhora da visão;

* Em inglês: Medical College of Wisconsin. (N.E.)

- melhora do humor; e
- melhora da cognição;[7]

Desde a experiência de Rudman, a comunidade científica discute se a aplicação deste hormônio para reverter os sintomas do envelhecimento é realmente um método seguro e eficaz. Uma das maiores polêmicas sobre esse assunto surgiu a partir da observação de que ele causaria crescimento, também, das células tumorais.

Hoje, a utilização do hormônio bioidêntico possibilita adaptação a cada necessidade, afastando os riscos (veja *Modulação hormonal,* neste capítulo), o que o torna mais seguro em relação ao GH sintético, desde que seja indicado e acompanhado por um médico.

DHEA

O hormônio dehidroepiandrosterona (DHEA), produzido pela glândula suprarrenal, é o mais abundante em nosso sangue, conhecido também como a "mãe dos hormônios". Ele é responsável pela origem de vários hormônios essenciais ao nosso organismo, como os masculinos e os femininos. Cabe a ele regular as glândulas pituitária e tireoide e estimular a produção do hormônio do crescimento, entre outras importantes funções. Os níveis de DHEA no sangue atingem seu pico entre a faixa etária de 20 a 30 anos, declinando de maneira gradual após esse período. Por isso, ele também é chamado de hormônio da juventude.

O Instituto Nacional do Envelhecimento (NIA), dos Estados Unidos, em seus trabalhos de investigação sobre os possíveis biomarcadores relacionados ao envelhecimento, descobriu que, nos animais de vida mais longa, três elementos lhes eram comuns: níveis de insulina e temperatura corporal mais baixos e níveis de DHEA mais altos.

O DHEA está relacionado com a sensação de bem-estar geral, de vitalidade e, inclusive, de melhora na atividade sexual. A ele também são atribuídos a elevação da imunidade e a diminuição do risco tumoral e do risco vascular, entre outros.[8]

Melatonina

Este hormônio, secretado pela glândula pineal, é responsável pela sincronia dos ritmos de nosso organismo. Inicialmente, acreditava-se que ele regulava apenas os ciclos de luz e escuridão, ou seja, a relação física com o dia e a noite. Recentemente, porém, outros efeitos têm sido atribuídos a este hormônio, como o controle do sono, do humor e do estresse, a prevenção do câncer, a estimulação da resposta imunológica e a diminuição do dano celular durante o envelhecimento. Este hormônio atinge seu nível máximo por volta de nossos 10 anos de idade, diminuindo substancialmente até os 20 e desaparecendo com o avançar da idade.[9]

Hormônios sexuais

O declínio nos níveis dos hormônios sexuais é um dos mais perceptíveis durante o processo do envelhecimento. O nível de estradiol, principal estrógeno produzido pelo ovário, declina bruscamente com a menopausa, causando efeitos visíveis, como a perda de elasticidade da pele, por exemplo. No homem, esta mudança é mais lenta e gradual e ocorre nos níveis de testosterona, reduzindo a produção de esperma, o que caracteriza a andropausa. A testosterona está relacionada com o desejo sexual.

A queda dos hormônios sexuais nas mulheres está associada, segundo fontes científicas, à osteoporose e a problemas cardiovasculares.

A observação de que a queda dos hormônios sexuais está associada às doenças do envelhecimento não é recente. Há cerca de quarenta anos, foi criada uma fórmula para controlar e minimizar os sintomas da menopausa por intermédio da terapia de reposição hormonal (TRH). Em sua primeira fase, essa terapia fez uso de hormônios sintéticos, ou seja, artificiais, produzidos em larga escala, "imitando" quimicamente os hormônios naturais. Outra característica dessa terapêutica era o uso de doses-padrão para todos os sintomas da menopausa.

Há alguns anos, porém, ocorreu uma grande polêmica sobre esta terapêutica hormonal, cujo ponto alto foi a divulgação, em 2002, dos resultados de uma pesquisa feita pela organização Iniciativa pela Saúde da Mulher.[10*] Segundo o estudo, a TRH, ao contrário do que se esperava, não prevenia o câncer nem as doenças cardiovasculares. Ou seja, não trazia os benefícios prometidos às mulheres. E pior: poderia *causar* essas graves doenças.

Surgiu, então, uma verdadeira frente contra a TRH em todo o mundo. E, apesar de o estudo ter sido contestado sob os pontos de vista de método e de rigor científico, infundiu o conceito de que o uso de qualquer hormônio é arriscado para a saúde. Na verdade, a pesquisa foi realizada apenas com mulheres que usavam hormônios sintéticos.[11]

Hoje, a introdução dos hormônios bioidênticos na terapia conhecida como modulação hormonal trouxe vantagens quanto ao risco adverso. O hormônio bioidêntico, por ser estruturalmente igual ao produzido pelo organismo, age naturalmente e não promove reações colaterais como acontecia com os hormônios sintéticos. Além do mais, sua dosagem é facilmente adequável à necessidade individual.

A chave perfeita

A ciência já demonstrou, e está confirmado laboratorialmente, que, à medida que envelhecemos, os hormônios começam a ser secretados em níveis cada vez mais baixos. E, embora, ainda não haja comprovação científica de que a modulação hormonal adie e controle o envelhecimento, alguns fatos reforçam este ponto de vista, como a melhora dos sintomas e a disposição durante a menopausa e a andropausa, além dos benefícios relacionados ao aspecto físico e à vitalidade em geral.

---

[*] Em inglês: Women's Health Initiative. (N.E.)

Sabemos, porém, que cada pessoa é um ser único, com necessidades físicas, mentais e emocionais diferentes. Seria uma contradição este conceito não estar presente também na terapia hormonal.

Em nosso programa Gestão de Idade®, desde que haja comprovação clínica e laboratorial de queda nos níveis de hormônio e a pessoa se mostre debilitada, desmotivada e sem energia, optamos pela modulação hormonal.

Para alguns autores, os níveis de reposição hormonal devem se basear na idade de 25 anos. Para outros, com os quais concordamos, o ideal é não estabelecer uma idade, mas controlar a administração do hormônio de acordo com a resposta clínica de cada pessoa, homem ou mulher. Para tanto, em nossa clínica, o paciente é monitorado a cada três meses.

O objetivo principal dessa terapêutica é buscar o bem-estar físico, mental e emocional do paciente. Caso contrário, nenhum processo de intervenção é válido.

O princípio para a utilização dos hormônios bioidênticos é muito simples: os únicos hormônios bem-aceitos por nosso corpo são aqueles iguais aos que nosso corpo produz naturalmente. "Dessa maneira, pode-se obter uma resposta integral do organismo, uma vez que os hormônios agem em vários órgãos".[12]

O hormônio bioidêntico é produzido em laboratórios de manipulação. Consequentemente, não pode ser patenteado e produzido em grande escala, o que evita o seu uso indiscriminado e despersonalizado. Até hoje, não há relatos de efeitos colaterais devidos ao uso de hormônios bioidênticos.

Entretanto, os hormônios produzidos em laboratório (hormônios sintéticos ou artificiais) apresentam uma pequena diferença molecular, mas suficiente para permitir a sua patente. Antes da descoberta do hormônio bioidêntico, a terapêutica hormonal só utilizava os hormônios sintéticos.

Novas perspectivas

Podemos vislumbrar um futuro de grandes conquistas para as medidas antienvelhecimento também na área de nanomedicina.

A nanomedicina é a união entre a nanotecnologia aplicada à medicina, a química e a farmacologia. Basicamente, a nanomedicina permite intervir em partes muito pequenas do organismo, gerando repercussões muito grandes – por exemplo, destruir completamente uma célula tumoral sem afetar as células saudáveis.

Hoje, a terapêutica do nosso cromossoma já é possível; retira-se a base comprometida e completa-se a parte faltante, que é confeccionada laboratorialmente. Isso significa que podemos cortar um pedaço do gene ruim do cromossoma e substituí-lo por um bom.

Quanto à genética, a produção do hormônio do crescimento, por exemplo, é feita pela tecnologia recombinante. Um cromossoma desse hormônio é utilizado para multiplicar e produzir o seu bioidêntico. Esta técnica consiste em introduzir o gene humano dentro das bactérias, cujas instruções são fabricar o hormônio do crescimento. As bactérias não são afetadas e, em poucos dias, produzem grande quantidade de HGH, que é purificado, avaliado por entidades reguladoras e, se aprovado, é comercializado como fármaco.

Preceito nº 5

DÊ ATENÇÃO AOS SEUS HORMÔNIOS E CUIDE DELES!

Os hormônios são a grande orquestra regida pela nossa mente que podem ser afinados por meio da modulação hormonal, dos exercícios físicos e do sono regular.

Capítulo 6 – 3º Pilar – Alimentação antienvelhecimento

"Eu tinha horror à palavra dieta, só de a ouvir já ficava arrepiada! Com o Programa Gestão de Idade®, entendi que a dieta antienvelhecimento não é um cardápio rígido, mas uma forma de ter consciência sobre o que levamos para dentro de nosso organismo. Há seis anos, comecei a seguir a dieta antienvelhecimento. Minha saúde melhorou e meu peso ficou equilibrado. Hoje toda vez que faço alguma extravagância volto a seguir essa dieta, pois sei dos benefícios que ganho."

A.N., 45 anos, médica

No início deste livro mencionamos que a verdadeira fonte da juventude está dentro de cada um de nós. E, atualmente, chegar até ela depende apenas de nossas próprias decisões.

Sabemos que envelhecer cronologicamente é inevitável. Porém, pergunte, por exemplo, a alguém com mais de 70 anos, qual a sua principal queixa por estar com essa idade. Certamente não será o fato de sua carteira de identidade revelar que nasceu nos anos de 1930 ou 1940. O que mais o incomoda é perceber que seu corpo já não é o mesmo, suas formas se modificaram, sua energia enfraqueceu, sua vida sexual está menos ativa e, como se tudo isso não bastasse, sua aparência está envelhecida.

Trataremos do tema aparência no último capítulo deste livro, no qual você irá conhecer os mais importantes recursos e técnicas disponíveis para manter o seu rosto e o seu corpo saudáveis e bonitos, quando a carteira de identidade apontar sete, oito, nove ou mais décadas de vida.

Lembre-se: os programas antienvelhecimento foram criados para você conquistar e manter a idade que sente ter!

Entre as decisões que podemos tomar para atingir esse objetivo está a alimentação saudável. Um bom programa alimentar garante reservas no organismo para enfrentar as sucessivas etapas da vida com mais qualidade e saúde.

Nossos hábitos alimentares atuais carregam muito do que ouvimos no passado. "Coma bastante para ficar forte" é apenas uma das frases que nos diziam quando éramos crianças, e ela certamente introduziu em nosso subconsciente um conceito inadequado sobre a relação comida *versus* saúde – criando as mais diversas distorções sobre a alimentação e a nutrição.

Ainda hoje, em plena era da comunicação, é comum encontrar pessoas que têm o costume de comer mais do que o necessário. São as que costumam dizer "como muito bem" – o que não significa que se alimentam de maneira saudável. Em sentido contrário, há os que, aleatoriamente, deixam de comer com o simples objetivo de "manter a forma". E, ainda, os que acreditam que "comendo de tudo" garantem um cardápio saudável. Para mais ou para menos, a verdade é que a maioria das pessoas adota hábitos alimentares inadequados tanto em **quantidade** quanto em **qualidade**, como revelou um recente estudo.

Arroz, feijão, salada e carne...

Com esses componentes básicos no cardápio, o brasileiro acredita estar suprindo seu organismo de vitaminas e nutrientes essenciais à saúde. A conclusão veio do *Estudo Brazos Nutricional*,[1] pesquisa realizada em 2007 pela Universidade Federal de São Paulo (Unifesp) em parceria com a Faculdade de Saúde Pública da Universidade de São Paulo (USP). De acordo com o estudo, a dieta básica do brasileiro – arroz, feijão, salada e carne – deixa muito a desejar no que diz respeito aos padrões internacionais recomendados em relação a vitaminas e nutrientes essenciais ao organismo.

Embora rico nos chamados macronutrientes – os principais fornecedores de calorias: carboidratos, proteínas e gorduras –, o prato típico da refeição brasileira não é suficiente para garantir as quantidades de cálcio, vitaminas D, E e A e potássio necessárias à saúde.

O relatório indica, ainda, que o brasileiro ingere menos frutas, verduras e grãos do que o necessário. Também consome um terço da quantidade diária de cálcio recomendada internacionalmente, e até seis vezes menos vitamina D, que é muito importante para a prevenção da osteoporose e da hipertensão. O cálcio é essencial em todas as idades para a saúde dos ossos, dentes e especialmente para a prevenção da osteoporose, comum entre as mulheres, principalmente, após a menopausa. Assim, a saúde óssea do brasileiro está comprometida e seu risco de adquirir doenças crônicas torna-se cada vez maior.

Em outro momento, o estudo confirmou a pesquisa realizada pelo Instituto Brasileiro de Geografia e Estatística (IBGE), apontando que a obesidade e o sobrepeso tornaram-se um dos grandes problemas do brasileiro. **E esses distúrbios prevalecem em todas as classes sociais e pressupõem a mesma carência de vitaminas e nutrientes encontrada nas pessoas desnutridas.**

Devemos atentar para o fato de que o problema atinge a infância cada vez mais. A OMS (veja quadro *A longevidade começa no berço*) estima que nos países em desenvolvimento, até 20% das crianças menores de 5 anos já apresentam sobrepeso.[2] Segundo a estudiosa Jocelem Mastrodi Salgado, os dados são alarmantes. No Brasil, destaca a especialista, 15% das crianças estão obesas, segundo dados do Ministério da Saúde e da Organização Pan-Americana da Saúde (OPAS): "Os estudos mostram também que nos países em desenvolvimento, a preocupação com a obesidade anda junto com (sic) a da desnutrição, revelando uma grande carência de estímulos para uma dieta saudável."[3]

A longevidade começa no berço

Em 2006, a OMS divulgou o resultado de um estudo de acompanhamento de mais de oito mil crianças durante os seus primeiros cinco anos de vida, no Brasil, em Gana, na Índia, na Noruega, em Omã e nos Estados Unidos.

Foram selecionadas crianças que viviam em um "ambiente adequado para o crescimento", tendo aleitamento materno garantido, boas condições de saúde e mães não-fumantes. **O resultado do estudo revelou que uma vida saudável nos cinco primeiros anos é mais relevante para o crescimento do que características étnicas ou genéticas.** A OMS destacou também, que os problemas mais comuns que afetam o crescimento – como a subnutrição e a obesidade – **podem ser detectados e corrigidos ainda nos primeiros anos de vida.**

"Noventa por cento de todas as enfermidades, sem contar as infecções e os acidentes, estão relacionadas com a alimentação."

William Osler (1849-1919), médico

Dados da organização revelam a existência de 178 milhões de crianças com atraso de crescimento causado pela escassez de alimento, por uma dieta pobre em vitamina A e minerais e por doenças. Contrapondo-se a esta realidade, o mesmo documento sinaliza que o aumento do sobrepeso e a obesidade também desafiam a saúde pública mundial. Pessoas de todas as idades e condições sociais enfrentam o problema, aumentando vertiginosamente os índices de portadores de diabetes e outras doenças relacionadas à dieta alimentar.

O estudo cita ainda a "fome oculta", que é a carência de vitaminas e minerais essenciais à dieta para potencializar a imunidade e o desenvolvimento saudável. A falta de vitamina A, zinco, ferro e iodo, segundo a OMS, é uma preocupação da saúde pública mundial. Chega a 2 bilhões o número de pessoas que sofrem de carência de iodo em todo o mundo, revela a entidade. Vale destacar que este número não se refere à carência de comida, mas de uma dieta que garanta a presença de nutrientes essenciais à saúde.

Em contrapartida, um estudo experimental realizado recentemente em ratos[4] demonstrou que a nutrição pobre durante a gestação, seguida de crescimento rápido pós-natal, acelera o futuro processo de envelhecimento e predisposição ao diabetes tipo 2, câncer e doenças cardiovasculares. Essas observações levam ao desafio de conhecer os mecanismos pelos quais a deficiência nutricional pré-natal é recebida, gravada, lembrada e, então, revelada após o nascimento.

Outros estudos recentes revelam ainda que os micronutrientes estão associados à estabilidade do cromossoma, levantando a possibilidade de que fatores nutricionais tenham impacto na manutenção do telômero.* O progresso nesse campo de pesquisa depende agora do desenvolvimento de estratégias efetivas para definir as doses de nutrientes e combinações, ou "nutriomes", que mantenham a saúde do genoma em nível individual[5].

* Estrutura da extremidade do cromossoma responsável por sua estabilidade.

Processador de alimentos

Apesar da sua importância, normalmente pensamos na alimentação como o simples ato de levar o alimento à boca, mastigá-lo e ingeri-lo. Mas, a partir do momento em que o alimento é mastigado e ingerido, ele passa por três fases até que seja consumido como energia e aproveitado pelo organismo:

1. **Digestão** – processo de transformação dos alimentos ingeridos para o aproveitamento, pelo organismo, de todas as suas substâncias nutritivas. Esse processo começa na boca e implica mudanças físicas e químicas na estrutura dos alimentos. O objetivo é decompor os nutrientes principais (hidratos de carbono, gorduras e proteínas) em substâncias químicas que serão distribuídas pela corrente sanguínea e utilizadas pelas células de todo o organismo. Os hidratos de carbono se transformam em glicose; as gorduras se transformam em glicerina e ácidos graxos; e as proteínas se transformam em aminoácidos.
2. **Absorção** – ocorre quando a mucosa do intestino delgado suga os nutrientes fundamentais (glicose, glicerina, ácidos graxos e aminoácidos) e os transfere para o sangue, assim como as vitaminas, os minerais e a água. É um processo ativo pelo qual o organismo regula a absorção das substâncias nutritivas de acordo com suas necessidades.
3. **Metabolização** – já na corrente sanguínea, os nutrientes chegam a todas as células do organismo e são aproveitados, ou seja, metabolizados, para realizar diversas funções. Os minerais que formam o esqueleto (cálcio e fósforo, principalmente) e os aminoácidos são os nutrientes que mais colaboram para o desenvolvimento corporal, ou seja, para a estrutura básica do organismo.

Estes processos demonstram claramente a estreita relação entre o que levamos à boca e o funcionamento do nosso organismo. Erros alimentares cometidos dia após dia sinalizam um futuro saldo negativo em nossa saúde. Felizmente, sempre é tempo de mudar nossa dieta e encarar a boa alimentação como uma espécie de vacina contra a ameaça das doenças crônicas que surgem com o envelhecimento.

O hábito de comer é o mais constante e repetitivo de toda a nossa existência. E, como todo hábito, ele pode ser modificado. Basta que tomemos essa decisão e tenhamos vontade.

Há milhares de anos, nossos antepassados já sabiam que os alimentos, além de oferecer nutrientes fundamentais para a nossa sobrevivência, também exerciam um papel relevante na prevenção das doenças. Hipócrates, o médico grego, já dizia, no século V a.C.: **"Que teu alimento seja tua medicina e que tua medicina seja teu alimento".**

Mas foi apenas no século passado que pesquisas comprovaram esta relação. Ancel Keys[6] publicou, em 1949, um estudo que atribuiu aos hábitos alimentares da população dos países banhados pelo Mar Mediterrâneo o fato de desenvolverem a menor taxa de doenças cardiovasculares. Baseado neste estudo, Keys criou a tradicional "dieta do Mediterrâneo", que caracteriza-se pela abundância de frutas, hortaliças, cereais integrais, nozes e leguminosas, azeite de oliva como fonte principal de gordura, peixes e aves (consumidos em quantidades de baixa a moderada), relativamente baixo consumo de carne vermelha e moderado consumo de vinho, normalmente, às refeições.

Em 1995, Michel Lorgeril[7] comprovou cientificamente o valor desta dieta. A partir de então, vários estudos foram realizados indicando a relação dos hábitos alimentares com doenças crônico-degenerativas. E mais: comprovando o envolvimento dos aspectos nutricionais com o processo do envelhecimento.

Alimentos inteligentes

Nos anos 1990, a nutrição passou a ocupar espaço importante nas questões relativas à saúde e à prevenção de doenças. Estudos revelam fortes evidências de que a alimentação pode diminuir os riscos de doenças cardiovasculares – como a hipertensão – e a obesidade. Hoje, identificada a composição química de um alimento, é possível conhecer seus efeitos metabólicos ou fisiológicos. Quando seus efeitos – além dos nutricionais – mostram-se úteis à prevenção de doenças, eles são chamados de alimentos funcionais.

O pioneiro na produção e comercialização dessa classe de alimentos é o Japão. Conhecidos como Foshu (traduzido literalmente como alimento para uso específico de saúde), os alimentos funcionais foram aprovados pelo Ministério da Saúde e Bem-estar daquele país, que também estabeleceu a primeira legislação com os requisitos necessários para que um produto alimentício possa ser qualificado como ***alimento funcional***. Tais alimentos são comercializados exibindo um selo de aprovação desde junho de 1997.[8]

Entretanto, existem também os alimentos que não apresentam nenhum valor nutritivo, "pois aceleram o desgaste do organismo e, por conseguinte, o envelhecimento. É o caso dos alimentos que formam grandes quantidades de radicais livres e danificam as células, enquanto outros são ricos em substâncias antioxidantes protetoras".[9] Nosso organismo tem grande capacidade de neutralizar os efeitos indesejáveis dos radicais livres. Mas nem sempre isso acontece e "inicia-se o processo degenerativo chamado de estresse oxidativo, o substrato bioquímico das doenças degenerativas". Portanto, o alimento deve ser satisfatório para que as funções celulares (molecular, genética e eletromagnética) possam ocorrer de maneira satisfatória dentro do organismo.[10]

Entre os alimentos funcionais estão os ácidos graxos poli-insaturados, os probióticos, os prebióticos e os simbióticos – que, apesar dos nomes sofisticados, definem tipos de alimentação com as quais lidamos diariamente.

Os ácidos graxos poli-insaturados são as gorduras "boas", ômega-3 (ácido linolênico) e ômega-6 (linoleico), essenciais a todas as células do nosso corpo que exercem funções fundamentais para o organismo, como a produção de energia, a aceleração do metabolismo, o aumento da massa muscular, o transporte do oxigênio e o crescimento normal celular, além de proporcionar funções nervosas adequadas e participar da regulação hormonal. Estes ácidos são chamados "essenciais" porque nosso corpo não consegue produzi-los. O ácido linolênico está presente em grande quantidade em peixes gordurosos e nozes, enquanto o linoleico é encontrado em óleos vegetais, no óleo de linhaça, em ovos e carne animal. A alimentação humana criteriosamente balanceada deve atender a uma relação ótima entre ômega-3 e ômega-6 de 1:4. Porém, o ritmo de vida atual muitas vezes não permite uma alimentação rica, com alimentos bem selecionados e combinados. Além disso, na maioria das vezes, os alimentos perdem esses ácidos durante o seu processamento, e sua ingestão ocorre em quantidade abaixo da necessária ao organismo. Por esse motivo, torna-se necessária a suplementação.

O famoso "leite fermentado com lactobacilos selecionados que regulam a atividade digestiva e funções intestinais" é um exemplo de alimento **probiótico**, ou seja, alimentos aos quais são adicionados microorganismos vivos que exercem efeitos benéficos para a saúde.

Já os **prebióticos** são ingredientes não digeríveis, como algumas fibras alimentares, que têm ação benéfica sobre as bactérias do cólon, defendendo o organismo de várias doenças, e possuem função dinâmica na absorção dos alimentos.

Os alimentos **simbióticos** unem em uma única fórmula a ação dos prebióticos e probióticos.

Dieta: qual a melhor, afinal?

Muita gente tem vontade de sair correndo ao ouvir a palavra "dieta". Não é para menos. O termo está desgatado pela mídia e pelas milhares de "dietas infalíveis" apregoadas em todo o mundo; a maioria voltada à perda de peso com objetivo estético – muitas nem sempre saudáveis e envolvendo sacrifícios que pouca gente se propõe a fazer por muito tempo.

Felizmente, este conceito está desaparecendo e, aos poucos, a palavra *dieta* vem retomando seu sentido verdadeiro, que se refere ao hábito alimentar de uma pessoa ou de uma população. Algumas dietas são tão saudáveis e agradáveis que se tornaram populares em vários países, como a mediterrânea, que citamos anterioremente.

Você já deve ter ouvido falar também da dieta de Okinawa, adotada pela população da ilha japonesa campeã em longevidade saudável. Pobre em calorias e rica em nutrientes, ela atenta especialmente à ingestão abundante de chá verde e de água (veja quadro *O poder da água*).

É importante destacar que a dieta de Okinawa não objetiva apenas a alimentação e a nutrição. Ela inclui a atividade física e a busca pela felicidade em seu programa de qualidade de vida.

O poder da água

O consumo diário de uma boa quantidade de água é importante em qualquer idade. Porém, à medida que envelhecemos, este hábito adquire importância especial. As pessoas mais velhas necessitam de uma quantidade maior de líquidos não somente para evitar a desidratação, mas para diluir e eliminar toxinas. É, portanto, recomendável a ingestão média de 6 a 8 copos de água por dia. Lembramos que refrigerantes e bebidas contendo cafeína não substituem a água.

Aliás, a atividade física está tão integrada ao conceito de vida saudável, que o Departamento de Agricultura dos Estados Unidos[11] colocou-a, pela primeira vez, na ilustração da sua famosa pirâmide alimentar,[12] quando revisada em 2005 (veja figura). Este guia geral e básico de alimentação e nutrição também mudou o seu enfoque em vários pontos, como explicaremos a seguir.

Fonte: USDA - United States Department of Agriculture

1 – Grãos e cereais: coma pelos menos 30 g de grãos integrais, pães, cereais, flocos, arroz ou massa todos os dias.

2 – Legumes e verduras: coma mais vegetais de cor verde escura, feijão seco e sementes.

3 – Frutas: coma variedade de frutas. Escolha frutas frescas.

4 – Óleos: use a maioria originada de peixes, nozes e óleos vegetais. Limite o consumo de gorduras sólidas como manteiga, margarina e gordura suína.

5 – Leite: semidesnatado ou desnatado. Se não puder consumir leite, ingira produtos sem lactose.

6 – Carnes e feijão: escolha carnes com pouca gordura, melhor carne magra ou frango. Como-a grelhada ou cozida. Varie o cardápio ingerindo outras fontes de alimentos, como peixe e sementes.

Nessa pirâmide, a parte mais larga e a mais estreita de cada faixa também têm importante significado, segundo a nutricionista Jocelem M. Salgado:

> A base da pirâmide contém alimentos com pouca ou nenhuma gordura saturada ou ricos em açúcar, pois esses alimentos devem ser consumidos com mais frequência. O topo representa os alimentos ricos em gorduras saturadas e açúcares.[13]

A pesquisadora destaca outros pontos importantes dessa pirâmide alimentar:

> A variedade de alimentos é simbolizada por seis faixas que representam os grupos de alimentos e os óleos. Isso ilustra que são necessários alimentos de todos os grupos, diariamente, para que uma dieta seja considerada saudável.

As diferentes larguras de cada faixa vertical representam a proporção dos grupos alimentares. Ou seja, cada largura "sugere a quantidade de alimento que o indivíduo pode escolher de cada grupo. Essa quantidade", destaca a especialista "não está em proporção adequada, pois é apenas um guia geral".

Para uma análise básica do seu perfil, é preciso acessar o site oficial (em inglês): <www.mypyramid.gov>. O site oferece, também, uma versão em espanhol e 12 pirâmides diferentes a partir do preenchimento de dados como idade, sexo e nível de atividade física praticada.

Um dos conceitos muito claros é que um **bom programa alimentar não se baseia apenas na quantidade de alimentos que ingerimos, mas em sua qualidade, que é determinada pela composição nutricional dos ingredientes que o compõem.** Isso significa que a dieta ideal deve incluir todos os elementos necessários a uma vida saudável: carboidratos, proteínas, gorduras (macronutrientes), vitaminas e minerais (micronutrientes). Veja por que:

- os **carboidratos** são uma fonte de energia fundamental para você manter as atividades do dia a dia. São fornecidos principalmente pelos amidos (farinha, arroz branco etc.) e pelos açúcares naturais, ou industrializados, dos alimentos;

- as **proteínas** fornecem os aminoácidos responsáveis pelo crescimento e para a reparação dos tecidos orgânicos. As fontes mais ricas em proteínas são as carnes, os ovos, o leite e o queijo. Já as leguminosas são as melhores fontes de proteína vegetal, assim como as castanhas e as nozes. Durante décadas estabeleceu-se que uma dieta ideal, sob o ponto de vista nutricional, deveria conter uma elevada quantidade de proteínas majoritariamente de origem animal. Hoje, a Organização Mundial da Saúde considera que 0.75g por quilo de peso cobre as necessidades da grande maioria dos indivíduos adultos;[14]
- as **gorduras** são responsáveis pelo fornecimento de taxas maiores de energia ao corpo. Também são responsáveis por transportar vitaminas lipossolúveis (A, D, E e K) e fornecem ácidos graxos essenciais que não são produzidos pelo nosso organismo;
- as **vitaminas** têm papel fundamental nas reações químicas de nossas células, auxiliando principalmente no crescimento durante a infância e no sistema imunológico. A alimentação é o fornecedor natural de vitaminas para o nosso organismo, que necessita delas em pequena quantidade, por isso são chamadas de micronutrientes;
- os **minerais** são os formadores das partes sólidas do corpo, como ossos e dentes. Ajudam também na formação e na manutenção dos nossos tecidos, músculos, órgãos e das células do sangue. Também estão envolvidos na contração muscular e na transmissão dos impulsos nervosos. Assim como as vitaminas, os minerais devem ser obtidos por meio dos alimentos.

O fator obesidade

Uma das dietas que mais ganhou espaço na mídia nos últimos anos é a da restrição calórica, também conhecida como "dieta da longevidade".

Este programa alimentar foi inspirado em um estudo que testou a diminuição de calorias em diferentes animais, observando que estes desenvolveram menos doenças relacionadas ao envelhecimento e, portanto, sua vida foi prolongada. Porém, segundo um artigo da respeitada Clínica Mayo, dos Estados Unidos, não existem estudos conclusivos sobre a aplicação deste conceito a humanos.

O que é comprovadamente verdadeiro é que a obesidade é um dos maiores inimigos da longevidade, causa de inúmeras enfermidades e não apenas nos mais velhos. Portanto, manter o peso adequado por meio de um programa alimentar é fundamental. E, embora existam vários bons modelos de dieta, a ideal é sempre aquela criada individualmente.

Durante o envelhecimento a capacidade de absorção de nutrientes em nosso corpo diminui, o que pode provocar deficiência progressiva. Assim, o acompanhamento e a reposição nutricional adequada são muito importantes.

No nosso programa Gestão de Idade® especialistas traçam o perfil nutricional de cada pessoa para indicar a ela a dieta mais saudável, agradável e fácil de ser seguida, ou seja, uma dieta integrada à rotina do indivíduo. Uma dieta aparentemente maravilhosa pode ser ineficaz para alguém que se alimenta fora de casa, seja no restaurante da empresa ou em sua redondeza.

Dieta antienvelhecimento: existe uma sob medida para você!

A dieta antienvelhecimento contém todos os ingredientes necessários à nutrição celular, garantindo a vitalidade e, assim, a saúde do organismo como um todo. A dieta e a suplementação nutricional devem ser específicas às diferentes necessidades, e devem ser escolhidas a partir de testes e exames clínicos e laboratoriais. **Quanto mais cedo você adotar a sua dieta pessoal, mais saúde você estará estocando para a sua longevidade.**

Preceito nº 6

ALIMENTE-SE CINCO VEZES AO DIA COM REFEIÇÕES LEVES E SAUDÁVEIS!

Prefira fracionar sua alimentação em cinco vezes com alimentos saudáveis em pequenas quantidades a fazer três refeições pesadas.

"O mau homem vive para comer e beber, enquanto o bom homem come e bebe para viver." (Sócrates)

"Você é o que você come." (Hipócrates).

Capítulo 7 – 4º Pilar – Suplementos nutricionais

"Sempre me alimentei bem, mas mesmo assim, ao fazer o exame médico, descobri que tinha carência de vitaminas e minerais.

Assim, com o programa antienvelhecimento, descobri a importância dos suplementos para repor o que hoje a alimentação moderna não consegue suprir."

L.G.P., 62 anos, arquiteto

De modo geral, todos sabem que a nutrição é importante para a saúde. Estudos recentes, porém, vêm comprovando, que esta relação é ainda maior, mais profunda e mais crucial do que se pensava. Ou seja, a nutrição desempenha importante papel na vida e na sobrevida do ser humano (no capítulo anterior citamos alguns desses estudos).

A verdade é que desde a alimentação no útero materno até as inúmeras opções de cardápio que temos à nossa disposição no dia a dia, um verdadeiro batalhão de nutrientes está trabalhando o tempo todo para ajudar nossas células a ficarem fortes, prontas para combater a ameaça da doença e contribuir para a nossa longevidade.

Porém, ao mesmo tempo em que diferentes estudos comprovam a importância dos nutrientes para a nossa vida, outros demonstram que **mesmo a dita boa alimentação não possui todos os elementos nutritivos.**

A razão é que, entre os ingredientes que vêm das mais diversas fontes da natureza e o nosso prato, existem as condições negativas impostas pela vida moderna e suas consequências.

O mundo cresceu e mudou bastante nos dois últimos séculos. A industrialização, o aumento da população, o uso de adubos com agrotóxicos e a adição de hormônios (às carnes, principalmente), além de outros processos pelos quais passam os alimentos – da estocagem à conservação, da embalagem ao transporte – acabaram por alterar as condições naturais dos ingredientes, modificando-os e tornando-os pobres em nutrientes importantes para o organismo.

O declínio dos nutrientes em nosso organismo e seu reflexo em nossa saúde está entre as principais forças que levaram ao desenvolvimento do estudo da moderna ciência da nutrição. Mas ela não foi a única. Pesquisas também foram incentivadas por necessidades que surgiram à vida humana devido a mudanças político-sociais (veja quadro *Uma história recente*). E que, por fim, revelaram maior entedimento sobre a relação nutrição-saúde-longevidade.

Desafinando a orquestra

Como mencionamos em capítulos anteriores, ao envelhecer nosso corpo torna-se mais sensível aos efeitos de longo prazo do estresse oxidativo. Isso significa que os radicais livres se instalam em maior número no organismo, causando inflamação nas células e impedindo-as de exercer algumas de suas funções, como a eliminação de toxinas. Consequentemente, em defesa, o corpo reage com mais inflamação. Ou seja, como em uma orquestra, basta um instrumento desafinar, para toda a música entrar em desarmonia. Então, qual é o papel do maestro; no caso, o especialista em saúde? "Afinar" o instrumento. No exemplo do estresse oxidativo, sua diminuição se dá (principalmente) pelo uso de suplementos nutricionais que contêm antioxidantes capazes de combater os radicais livres, diminuindo o impacto do envelhecimento.

Enquanto a alimentação é um processo voluntário e consciente, a nutrição é involuntária e inconsciente, ou seja, ela envolve fatores individuais (individualidade bioquímica) que fazem cada organismo reagir de modo diferente a um mesmo alimento, por exemplo. Assim, a forma de uma pessoa digerir, assimilar e metabolizar o açúcar, por exemplo, será diferente de outra.

Como consequência, a indicação e a adoção de suplementos nutricionais deve ser individualizada, baseada em exames laboratoriais indicativos de carências a serem suplementadas, em caráter curativo ou, ainda, como preventivo para a manutenção da saúde a longo prazo.

Mas, afinal o que são os suplementos nutricionais?

Simplificando, podemos dizer que os suplementos nutricionais são nutrientes concentrados em cápsulas, pós e líquidos cujo objetivo é complementar as necessidades não obtidas por meio de hábitos alimentares individuais. Por exemplo, a vitamina D é responsável pela absorção do cálcio no organismo – e, consequentemente, fundamental para a saúde óssea e cardiovascular. Ela é obtida de modo natural pela curta exposição solar diária (em horários com menos incidência de raios ultravioleta) e por meio de alimentos como o leite fortificado e peixes. Mas, a maioria das pessoas não consegue suprir esta necessidade na atribulada rotina da vida moderna.

Os suplementos nutricionais não devem ser ingeridos por conta própria. Dosagens maiores do que as necessárias, sejam de vitaminas ou minerais, podem produzir efeitos negativos no organismo. Para uma indicação acertada, o especialista deve fazer um levantamento da dieta alimentar do indivíduo e, se necessário, exames laboratoriais que revelem as reais necessidades de cada pessoa. Outro fato a considerar é o estilo de vida adotado por cada um.

As razões para indicar o uso de suplementos são as mais diversas e vão da gestação à carência causada por doenças, como a anemia, ou de dietas para perda de peso. No específico caso do envelhecimento, por exemplo, o déficit de nutrientes é causado, principalmente, pela deficiência digestiva associada ao estilo de vida, sem mencionar a inapetência quase crônica dos idosos. E a suplementação deve ser feita em caráter terapêutico e também preventivo.

Segundo o *New England Journal of Medicine*, até a sua liberação, a validade do uso de suplemento de vitaminas foi debatido durante muitos anos[1]. Hoje existe um consenso positivo sobre o seu emprego mediante indicação médica e um padrão internacional de Doses Diárias Recomendadas (DDR) para um adulto.

Dada a importância dos minerais para a manutenção de diversas funções do organismo, veja suas recomendações:

Vitaminas: doses diárias recomendadas (DDR)[2]	
Vitamina A	1.000 a 10.000 UI
Ácido fólico	800 a 2.000 mcg
Ácido pantotênico	60 a 2.000 mg
Piridoxina B6	25 a 250 mg
B12	500 a 2.000 mcg
Betacaroteno	25.000 a 100.000 UI
Bioflavonoides	500 a 4.000
Biotina	200 a 800 mcg
Vitmina C	1.000 a 3.000 mg
Vitamina D	200 a 1.000 UI
Vitamina E	400 a 1.500 UI
Niacina	50 a 250 mg
Riboflavina B2	50 a 250 mg
Tiamina B1	100 a 250 mg

UI = Unidade Internacional, valor usado para vitaminas em alimentos
mg = miligramas
mcg = microgramas

Minerais: doses diárias recomendadas (DDR)[3]	
Boro	1 a 3 mg
Cálcio	1.000 a 2.000 mg
Cobre	1 a 3 mg
Cromo	100 a 600 mcg
Ferro	0 a 40 mg
Iodo	100 a 225 mcg
Magnésio	500 a 1.000 mg
Manganês	5 a 15 mg
Molibdênio	75 a 250 mcg
Potássio	10 a 500 mg
Selênio	100 a 300 mcg
Vanádio	25 a 100 mcg
Zinco	15 a 50 mg

Fonte: *Stopping the clock*, de Ronald Klatz e Robert Goldman, Bantam Books, 1996

Uma história recente

Vem do século I um dos primeiros registros sobre a importância da nutrição à vida humana. Ele foi feito pelo médico e escritor romano Aurelio Cornelio Celso,[4] que descreveu os alimentos por grupos genéricos de maior ou menor valor nutricional. Dizia ainda que dentro de um mesmo alimento podem ser encontradas diferenças nutritivas dependendo do local em que este foi semeado e cultivado.

Ao longo da história ocidental, inúmeras obras citam a relação entre a nutrição e a saúde. Um dos maiores nomes na área é Antoine Lavoisier (1743-1794), considerado o pai da química moderna e que estudou a energia proveniente dos alimentos. Até o século XIX, porém, o maior objetivo da nutrição era auxiliar no tratamento de doenças. Foi nos Estados Unidos, a partir da Segunda Guerra Mundial, que teve início a tendência preventiva – com o uso da dieta alimentar para o aumento da resistência física e a rápida recuperação dos soldados. Foi nesse país que surgiu o termo "suplementar", que referia-se à cobertura das deficiências alimentares. Também vêm daquele país os estudos mais conhecidos sobre a qualidade dos alimentos industrializados, revelando a sua deficiência de nutrientes. A partir dos anos 1990, a ciência da Nutrição cresceu rapidamente, chegando hoje a estudos (citados no capítulo anterior) que envolvem a relação entre os nutrientes e o DNA saudável.

Preceito nº 7

AFINE O FUNCIONAMENTO DE SEU ORGANISMO COM SUPLEMENTOS NUTRICIONAIS!

Os suplementos nutricionais, como vitaminas e minerais não obtidos por meio de hábitos alimentares individuais, são muito importantes para a saúde.

A adoção correta e periódica de suplementos nutricionais contendo antioxidantes capazes de combater os radicais livres diminui significativamente o impacto do envelhecimento.

Capítulo 8 – 5º Pilar – Exercícios regulares

"Eu era uma pessoa totalmente sedentária e acreditava que jamais conseguiria sair da minha zona de conforto. Um dia, porém, fui convidada por uma amiga para ingressar no Programa Gestão de Idade®. Qual foi a minha surpresa quando me percebi caminhando para ir ao supermercado, deixando o carro em casa. Hoje já incorporei esse hábito e caminho diariamente, sinto-me muito mais disposta física e emocionalmente. Estou até pensando em matricular-me na academia!"

N. W. N., 58 anos, publicitária

Você já experimentou contar quantos passos dá por dia? Pois saiba que caminhar pode ser a diferença entre evitar ou não as doenças crônicas e envelhecer precocemente ou não. Segundo estudos, **se você der 10 mil passos por dia, estará contribuindo para a sua saúde e longevidade**. Parece muito, mas não é. "Calcula-se que uma simples caminhada até a padaria da esquina, entre ida e volta, rende cerca de 2 mil passos", exemplifica o especialista Victor Matsudo.[1]

Estes 10 mil passos são considerados, atualmente, o exercício mínimo necessário para impedir que o seu corpo torne-se vítima da síndrome do desuso – termo criado na década de 1980 por um dos mais respeitados estudiosos da longevidade humana, Walter M. Bortz II,[2] para descrever o quanto a inatividade física pode prejudicar nosso organismo e acelerar o envelhecimento. Segundo Bortz, por princípio fisiológico, qualquer parte do corpo que deixe de ser usada se atrofia e definha. Para este estudioso, os fatores da síndrome do desuso do corpo são cinco:

1. elevação da vulnerabilidade do sistema cardiovascular;
2. fragilização dos músculos e esqueleto;
3. favorecimento à obesidade;
4. facilitação à depressão; e
5. contribuição ao envelhecimento precoce.[3]

Será que depois de saber disso você vai continuar entre os 70% de sedentários existentes no mundo? Neste caso, é bem mais saudável não fazer parte da maioria. O dado é de uma pesquisa realizada pela Organização Mundial da Saúde, divulgada em março de 2008. A OMS destacou ainda que a falta de exercícios é responsável por 54% do risco de morte por infarto; 50% do risco de derrame cerebral e 37% do risco de câncer.

Sob o ponto de vista socioeconômico, segundo o estudo coordenado pelo doutor Michael Pratt,[4] percentuais como estes significavam já em 1987 e 1988 gastos anuais no valor de 76 bilhões de dólares. Essa quantia representava o equivalente a 70% das despesas hospitalares mundiais na época, e foi destinada ao tratamento das doenças causadas pelo sedentarismo. Recentemente, Pratt alertou que o sedentarismo "produz 2,5 milhões de mortes por ano no mundo!"[5]

Não é incrível saber que podemos combater esses números começando com apenas 10 mil passos por dia? A Organização Mundial da Saúde, por exemplo, considera suficientes 30 minutos diários de prática de atividade física por, pelo menos, cinco dias na semana. Ou seja, ninguém precisa se transformar em atleta para sair do sedentarismo. Pequenas decisões como usar a escada em vez do elevador, ir a pé ao supermercado, passear com o cachorro, brincar com os filhos, dançar e diminuir o tempo que se passa à frente da TV ou do computador podem ajudar muito.

A ameaça do sofá

De acordo com Victor Matsudo:

> O sedentarismo é consequência das mudanças de valores da sociedade: o homem caminhou durante centenas de milhares de anos, porém, com o desenvolvimento dos últimos séculos, este paradigma mudou. O homem trocou a atividade física

> pelo conforto e, hoje principalmente, pelo computador e pela televisão. (...) O risco relativo da inatividade física é similar ao da hipertensão arterial, ao colesterol alto e ao tabagismo, pois está associada ao aumento simultâneo das enfermidades cardiovasculares.[6]

No Brasil, dados do Ministério da Saúde[7] indicam que, apesar de o sedentarismo ter diminuído de 29,2%, em 2006, para 23,3%, em 2008, o percentual de praticantes de atividades físicas regulares ainda é pequeno. Entre as principais consequências do sedentarismo estão:

- obesidade;
- perda de massa muscular e cansaço;
- baixa resistência orgânica;
- problemas cardíacos;
- dores articulares e musculares;
- pressão alta;
- alto nível de estresse; e
- má postura.

Já os benefícios trazidos pela atividade física envolvem não apenas a saúde, como o bem-estar psicológico e a qualidade de vida:

- redução e manutenção do peso;
- aumento de desempenho;
- aumento da eficiência cardíaca e pulmonar;
- melhora do colesterol;
- ossos mais fortes;
- diminuição da pressão sanguínea;
- redução da ansiedade; e
- melhora da autoimagem.

Uma iniciativa brasileira de grande sucesso que tem por objetivo incentivar a prática da atividade física é o movimento Agita São Paulo,[8] que hoje conta com parcerias em várias organizações não governamentais no Brasil e no exterior.

Sedentários envelhecem (e morrem) mais cedo

"De todas as dimensões humanas, a física é, normalmente, a primeira a nos convencer de que ninguém é exceção à regra – todos estamos envelhecendo." Esta frase inicia o livro de uma das mais conceituadas estudiosas da área de gerontologia e cinesiologia,* Waneen Wyrick Spirduso.[9] O corpo, além de mostrar sinais do efeito de envelhecimento, como o cansaço e a dificuldade para levantar, também se transforma em um fator de restrição e passa a definir nossa qualidade de vida. Como conceitua a especialista:

> Como a função física é central para a maioria de nossas atividades, nossa eficiência física permeia todos os aspectos da nossa vida. O envelhecimento físico nos afeta cognitiva, psicológica, social e espiritualmente.

Sob o ponto de vista físico, a partir dos 35 anos nossa cartilagem articular degenera-se progressivamente, esclarece o especialista Carlos Alberto Werutsky,[10] "trazendo alterações biodinâmicas, com prejuízos à locomoção e à flexibilidade", o que aumenta o risco de lesões. Nossa força muscular "cai 10% a cada década a partir dos 50 anos e atinge menos de 40% de sua força máxima ao redor dos 60 anos". O sistema cardiovascular é afetado pelo processo de envelhecimento e, influenciada por características genéticas, nossa capacidade de consumo máximo de oxigênio (VO_2max) é reduzida em 1% ao ano. A VO_2max é conside-

* Estudo dos movimentos do corpo. (N.E.)

rada, por muitos estudiosos, a melhor forma de medir a capacidade do sistema cardiorrespiratório ou de aptidão aeróbica – e é usada como um indicador de saúde e aptidão física. O célebre Antoine Lavoisier, considerado o "pai" da química, comprovou que o oxigênio presente no ar era a substância responsável pela combustão, estabelecendo a base para a compreensão atual do metabolismo energético humano.

Pesquisas atuais sugerem que 50% do declínio das capacidades funcionais, que se iniciam ao redor dos 30 anos – frequentemente atribuído ao envelhecimento biológico –, na realidade é provocado pela atrofia por desuso resultante da inatividade física, alerta a estudiosa Silene Sumire Okuma.[11] Segundo ela:

> A atividade física regular e sistemática aumenta, ou mantém, a aptidão física da população idosa e tem o potencial de melhorar o bem-estar funcional e, consequentemente, diminuir a taxa de morbidade e de mortalidade entre esta população.

Devido à menor tolerância ao esforço, grande número de pessoas idosas vive abaixo do limiar de sua real capacidade física.

A relação entre o sedentarismo e o envelhecimento é comprovada por diferentes pesquisas. Um estudo recente de especialistas britânicos do King's College, em Londres, com 2.401 gêmeos observou que os fisicamente ativos durante seu tempo de lazer eram, também, "biologicamente mais jovens" do que os que não se exercitavam, como relatou a revista *Archives of Internal Medicine*.[12] Com base em questionários sobre o estilo de vida dos participantes e em amostras de sangue submetidas à análise do DNA de cada um, a pesquisa identificou que os telômeros

– sequências de proteína encontradas nas extremidades do DNA[13] – tinham menor tamanho entre os gêmeos sedentários.

Para a doutora em ciências e especialista em reabilitação, Sandra Matsudo, um dos aspectos mais fascinantes dos estudos que abordam a relação entre o exercício, a atividade física e a longevidade, é que, de forma geral, revelam que os indivíduos fisicamente ativos apresentam um menor risco de mortalidade por todas as causas, do que os fisicamente inativos.[14] Sandra ressalta que entre os vários mecanismos associados à perda da força muscular com o envelhecimento, tem sido destacado nesse processo o papel das alterações da mitocôndria* da fibra muscular. O desuso crônico torna a mitocondria mais suscetível à apoptose, ou seja, à morte celular programada, o que resultaria numa elevada taxa de atrofia muscular. Para Sandra, este mecanismo, permite sugerir que o exercício pode reduzir a morte celular mediada pela mitocôndria.

Segundo a *Revista Brasileira de Atividade Física e Saúd*e estudos feitos com idosos em um programa de treinamento de oito semanas, realizado três vezes a cada sete dias, revelou um aumento de 174% na força muscular e 48% na velocidade do passo. Em contrapartida, após quatro semanas de inatividades, houve uma perda de 32% na força corporal. Outras pesquisas demonstram que o exercício físico é capaz de promover uma redução de 52% no número de mortes por problemas cardiovasculares, melhorar a pressão arterial, diminuindo em 50% o risco do desenvolvimento de hipertensão, minimizar em 31% o risco de quedas e combater os sintomas da depressão. As atividades aeróbicas e de força também reduzem em 36% o risco de desenvolver diabetes.[15]

Como medida preventiva, sabidamente, o condicionamento físico eleva a resistência física, aumenta a capacidade aeróbica, reduz a fraqueza generalizada e evita quedas provocadas pela diminuição da força. Os benefícios se

* Mitocôndrias são pequenas estruturas que funcionam como centrais de energia nas células e geram a maior parte da força de que o corpo humano necessita. Elas consomem 85% do oxigênio do organismo.

revertem, ainda, para as capacidades cognitivas (veja quadro *Corpo são, mente ainda melhor*) e psicossociais, reconhecidas por sentimentos de satisfação, felicidade e envolvimento, além de estimular a autoestima e autorrealização.

Estudiosos relatam, também, que os exercícios físicos ajudam a estimular a produção de hormônios.

Corpo são, mente ainda melhor

O conceituado biologista John Medina,[16] autor do *best-seller Brain Rules*[17] (em tradução livre, *Regras do cérebro*), destaca:

"O cérebro humano evoluiu em condições de movimento quase sempre constante. Podemos deduzir, portanto, que o melhor ambiente para o processamento de informações deve incluir o movimento." Medina cita estudo que comparou diferentes características cognitivas entre dois grupos de idosos: um com estilo de vida sedentário e outro ativo. O resultado revelou que exercitar-se afeta positivamente a capacidade de executar tarefas, a noção espacial (senso de direção), o tempo de reação e as habilidades quantitativas.

O expert relata que, a seguir, os pesquisadores se perguntaram: caso o grupo sedentário se tornasse ativo, a sua pontuação cognitiva iria melhorar? E a resposta foi sim, se o exercício adotado for aeróbico. "Em quatro meses, as funções executivas dos participantes melhoraram muito e a memória também."

O exercício físico ajuda nossa capacidade de adquirir conhecimento por dois motivos, explica Medina: "1) aumenta a entrada de oxigênio no cérebro, reduzindo os radicais livres; 2) age diretamente nas engrenagens moleculares cerebrais, aumentando a produção e sobrevivência de neurônios e a resistência a danos e estresse".

É importante lembrar que hoje **o conceito da prática de atividade física está associado ao *prazer em fazer*.** Portanto, deve-se optar por aquelas que também divirtam, tornando-se parte de uma agradável rotina. **Gosta de dançar? Prefere nadar, pedalar uma bicicleta, passear com o cão, praticar jardinagem? Faça o que você gosta, o importante é não ficar parado ou acomodado.** Deixe a inatividade para as horas de descanso saudável.

Opções não faltam para quem deseja abandonar o sedentarismo, mas é fundamental que estas respeitem a necessidade, a preferência e o estilo de vida de cada pessoa. Por outro lado, quando a decisão é por algum programa de exercício ou prática esportiva deve-se procurar orientação especializada (veja quadro *Em forma, sem riscos*).

Em forma, sem riscos

Nunca é tarde para abandonar o sedentarismo. O Instituto Nacional do Envelhecimento (National Institute on Aging) do governo dos Estados Unidos, coloca à disposição do público[18], um guia de referência geral (veja resumo a seguir) para os que, independentemente da idade, desejam incorporar a atividade física à sua rotina. Nada, porém, de sair correndo por aí. O NIA aconselha a consultar um médico antes de iniciar qualquer exercício, caso você apresente uma das circunstâncias descritas a seguir:

- se tiver mais de 50 anos e não está acostumado a exercitar-se;
- se sofrer de alguma enfermidade crônica, como diabetes, ou de problemas cardíacos;
- se apresentar algum sintoma que não tenha relatado ao médico;
- se sentir enjoo ou falta de ar;

- se sentir dor no peito ou perceber qualquer alteração no batimento cardíaco, seja em velocidade ou ritmo;
- se tem histórico de coágulo de sangue;
- se tem infecção ou febre;
- se está perdendo peso involuntariamente;
- se apresenta qualquer ferimento crônico nos pés ou tornozelo;
- se tiver inflamação nas juntas;
- se você teve hemorragia ocular ou descolamento da retina, passou por cirurgia nos olhos ou esteja fazendo tratamento ocular a laser;
- se tem hérnia;
- se sofreu cirurgia nos quadris.

Quatro maneiras de estar ativo

De acordo com o documento do NIA, para obter maior proveito da atividade física, são recomendados quatro tipos de exercícios:

1. Resistência – fortalece a energia e o controle.
2. Força – para fortalecer os músculos.
3. Equilíbrio – para coordenação e controle do movimento.
4. Flexibilidade – para dar mais elasticidade ao corpo, agilidade de movimentos.

Informe-se sobre quais exercícios, em cada categoria, são os mais recomendados para você!

Mente e corpo: a dependência saudável

Deepak Chopra,[19] médico endocrinologista radicado nos Estados e com formação em medicina tradicional indiana ayurveda, leva a questão do exercício físico para além das vantagens. Para ele, não basta movimentar-se para que seu organismo aproveite os efeitos benéficos da atividade física. É preciso ajudar o corpo a se transformar, envolver a consciência nesse processo. E exemplifica: "se alguém coloca um peso de uns dois quilos na sua mão e o levanta e abaixa para você, cem vezes, seu braço não ganhará qualquer força muscular. Se você, no entanto, realizar voluntariamente a mesma ação, sinais completamente diferentes estarão sendo enviados do córtex motor do seu cérebro. Não apenas o seu bíceps, como também seu coração e os tecidos pulmonares receberão maior estímulo, e as áreas específicas do seu cérebro que controlam a cooordenação motora". Para o autor, este segundo modo de atividade consciente "abrange o intricado processo chamado de aprendizagem, o qual se encontra na raiz do crescimento, em oposição ao envelhecimento". Dessa forma, "cada vez que você exercita o seu bíceps, está ensinando a ele a ser mais forte e seu cérebro, pulmões, coração, glândulas endócrinas e até mesmo o sistema imunológico, estão se adaptando a um novo modo de funcionamento".

Estamos de pleno acordo com o conceito de Chopra. Este "princípio-ativo" de integração inspira e está presente em todos os pilares do nosso programa de Gestão de Idade®. Como o leitor observou, nosso primeiro pilar privilegia a mente – com a meditação preparando nosso corpo para aproveitar melhor os benefícios científicos disponíveis hoje. Depois, de forma preventiva ou terapêutica, mas sempre em caráter interdisciplinar, a busca é pelo equilíbrio fisiológico e psicossocial – neste último caso, fortalecendo a autoestima, não só por meio da plena atividade física e mental, como também pela estética, tema sobre o qual falaremos nas páginas seguintes.

Preceito nº 8

EXERCITE-SE REGULARMENTE E COM PRAZER!

Seu corpo precisa de movimento.
Movimento é vida, vida é movimento.
Faça exercícios físicos de 30 minutos pelo menos três a cinco dias da semana.
Escolha atividades físicas prazerosas e divertidas.
Esteja consciente de que seu corpo foi criado para se mover.
Diariamente decida:

- movimentar-se, fazer algum exercício físico;
- evitar o sedentarismo;
- abandonar a preguiça.

Parte III

O tratamento externo

Capítulo 9 – 6º Pilar – Estética

Obra: *O Nascimento de Vênus* (1483), por Sandro Botticelli (1445-1510), Galleria degli Uffizi, Firenze, Itália.

"Há 5 meses, vi minha mãe se descabelando em frente ao espelho e dizendo 'Como estou velha! Olha só essas rugas no meu rosto! Estou cheia de manchas da idade, minha pele está enrugada, áspera, sem brilho! Estou tão deprimida...' Aí pensei: 'não quero ficar igual à minha mãe, Deus me livre! Vou começar a me tratar desde agora'. E fui à Clínica, entrei no programa Gestão de Idade® e estou seguindo a orientação preventiva e me cuidando desde já, pois quero estar com aparência jovem quando tiver a idade dela. Agora estou me sentindo mais tranquila."

E. A. J., 26 anos, psicóloga

Estética é uma palavra de origem grega (*aestetikós*) cujo significado é "sensível, capaz de sentir",[1] não sendo sinônimo de beleza. Mas, assim como a beleza, sua definição se baseia em nossos sentidos. Com o passar do tempo, as duas palavras acabaram por se tornar sinônimas.

O conceito de beleza na verdade surgiu como questão filosófica, discutido primeiro na antiga Grécia, por Platão (427-347 a.C.), para quem o belo era identificado pelo bem, pela verdade e pela perfeição. Mais tarde, outro filósofo, Aristóteles (384–322 a.C), uniu à beleza a harmonia, as proporções, conceito que se manteve até a Idade Média, quando a Igreja passou a pregar que a beleza dependia da intervenção de Deus, que era fruto da criação divina. Durante o período do Renascimento, a ideia de beleza se afasta deste princípio e se aproxima do naturalismo e do pensamento grego clássico, com seu ponto alto na conhecida arte renascentista.

São dessa época os estudos que originaram a anatomia moderna[2] na medicina, matéria que recebeu grande contribuição da arte. Com o ideal de representar os seres como eles realmente eram, os trabalhos de pintores e escultores chegaram a servir de base para estudos médicos, destacando-se os de Leonardo da Vinci (1452-1519) e de Ticiano Vecellio (1485-1576).

Da Vinci dedicou-se ao tema a ponto de dissecar cadáveres para conhecer cada parte do corpo humano, e acabou por indicar a existência de órgãos desconhecidos até então, como a tireoide. A ciência da anatomia, fundamental para a medicina, mais tarde desempenharia papel importante na cirurgia plástica, sobre a qual falaremos adiante.

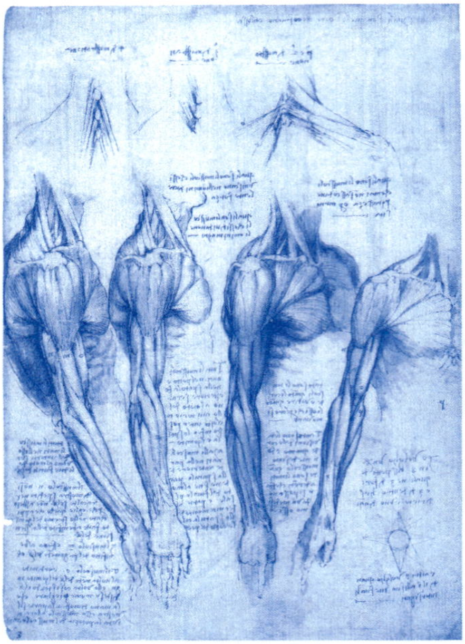

Detalhe de estudos anatômicos dos músculos do pescoço, ombros, peito e braço, por Leonardo Da Vinci.

Cosméticos e a arte do adorno

Ao longo do tempo, a beleza e a estética ganharam grande importância no estudo da arte,[3] áreas que ainda hoje são temas de estudos e discussões. O que é o belo, afinal? Ainda hoje não se chegou a um consenso sobre o assunto. Certo é que tais palavras estão sempre ligadas **ao que é agradável aos nossos sentidos.**

Cada cultura, época, grupo social e até mesmo cada indivíduo tem sua própria concepção do que é estético ou não. Todos conhecemos quadros clássicos retratando homens usando perucas encaracoladas e rosto empoado, considerados modelos de beleza em sua época; ou mulheres roliças de lábios pequenos, tidas como verdadeiras musas, bem diferentes do que a mídia atualmente classifica como beleza.

A busca pelo realce ou pela melhoria da própria imagem é muito antiga e inspirou o surgimento dos cosméticos. A palavra "cosmético" também tem origem grega, vem de *kosmetikós,* e significa "adornar" ou "habilidade em decorar".

Desde tempos pré-históricos, o ser humano buscou formas de enfeitar seu rosto e corpo, inicialmente com objetivos religiosos, como parte de rituais.

Na Índia, na China e no Egito as madeiras e óleos usados para "decorar" e perfumar a pele são conhecidos até hoje. Constam dos registros arqueológicos egípcios as amostras dos primeiros "produtos" que podemos chamar de cosméticos. Ali os pesquisadores encontraram estojos em formato de animais contendo substâncias para colorir o rosto, como hoje faz o *blush*. Sombra e khol eram usados para realçar os olhos e as sobrancelhas. Pinças, peças para curvar os cílios e cuidar das unhas, além de pentes e escovas estão entre o arsenal de embelezamento da época.[4] Cleópatra, a rainha egípcia que utilizava muitos desses recursos, é um dos maiores símbolos de beleza de todos os tempos.

Sabe-se que, também na antiga Grécia e no período do Império Romano, várias substâncias foram usadas com fins de embelezamento – algumas, inclusive, contendo ingredientes perigosos.[5] Daqueles tempos aos dias de hoje, recorre-se aos cosméticos pelo mesmo motivo: melhorar a aparência e garantir um ar mais jovem e saudável. Antigamente, eram empregados materiais para esconder a palidez do rosto, dos lábios e das unhas e até para disfarçar os cabelos secos. Usar cosméticos era considerado até mais importante do que lavar e limpar a pele.[6] O problema é que, por desconhecimento, muitos desses "produtos" ameaçavam a saúde. Entre os anos de 1400 e 1800, quando ter a pele pálida ao máximo era sinônimo de beleza, uma espécie de pó de arroz era o cosmético mais usado para clarear o rosto e o colo; porém, sua composição era uma verdadeira ameaça à saúde, pois poderia paralisar o músculo facial e até, com o uso contínuo, causar a morte. Continha uma perigosa mistura de carbonato, hidróxido e óxido de chumbo. Essa fórmula foi substituída por óxido de zinco nos anos de 1800, o que eliminou esse risco.[7]

Mas foi apenas no início do século XX que os cosméticos passaram a representar uma indústria em contínuo crescimento – o Brasil, terceiro mercado do mundo em cosméticos, movimentou 28,4 bilhões de dólares em 2009.[8] O desenvolvimento trouxe também controle científico às fórmulas, para que não constituam ameaça à saúde. Dos produtos para cabelos e pelos às unhas e à pele, é fundamental usar os que obedeçam às normas de segurança. A Agência Nacional de Vigilância Sanitária (Anvisa) é responsável por esse controle em nosso país.

Na medicina, a estética é hoje uma importante especialidade que pode ser abordada por meio de terapêuticas cosmiátricas, não cirúrgicas, ou por procedimentos cirúrgicos, conhecidos como cirurgia plástica estética.

Resgatando o corpo e a autoestima

A cirurgia plástica, ao contrário do que muita gente pensa, não é uma prática nova na medicina. Aliás, é uma das mais antigas, e surgiu da necessidade de reconstruir danos que prejudicariam para sempre a aparência das pessoas. Estudos indicam que o transplante de tecidos teria sido usado pelos egípcios no ano 3.500 a.C. Existem ainda referências de que os hindus faziam reconstrução nasal em mulheres que sofriam amputação desta parte do rosto, como retaliação pelo adultério.[9] Os livros dos Vedas mencionam ainda a recuperação de lábios e orelhas em textos de 2.500 a.C. A trajetória deste tipo de cirurgia, porém, sofreu atraso no período da Idade Média. Segundo Joana de Vilhena Novaes, doutora em psicologia clínica:

> O pensamento dominante na época consistia em achar que o corpo, em sua forma original, era perfeito, uma vez que

> era feito à imagem e semelhança de Deus. Qualquer modificação produzida no corpo era interpretada como um sacrilégio contra a vontade divina. Da mesma forma, todo e qualquer defeito físico era visto como uma punição de Deus, tendo como consequência natural a expiação da culpa como reflexo de má conduta.[10]

Com o Renascimento no século XVI e desenvolvimento dos ideais de beleza esse tipo de cirurgia ressurgiu, e, pela primeira vez, foi dividida entre cirurgia reconstrutora e cirurgia estética;[11] esta última usada para atender aos anseios do ideal de beleza da época. Dois séculos mais tarde, a cirurgia com fins estéticos ganhou maior status com o resgate dos ideais de simetria, considerada, então, sinônimo de beleza.

No final dos anos 1800 e no início de 1900, as guerras propiciaram grande desenvolvimento à cirurgia plástica. Na verdade, a Primeira Guerra Mundial levou este tipo de cirurgia a um novo patamar. Médicos e cirurgiões nunca antes precisaram tratar tantos e tão graves ferimentos na cabeça e no rosto. Maxilares quebrados, narizes destruídos e grandes perdas cranianas e labiais causados pelas "modernas" armas da época exigiram procedimentos de restauração inovadores.[12]

Datam também desse período as primeiras rinoplastias com fins estéticos, feitas pelo cirurgião Jacques Josef (1865-1934), na Alemanha. Em 1904 ele já havia realizado 43 rinoplastias – 30 em homens e 13 em mulheres. Também é do início do século XX, na Alemanha, a cirurgia plástica pioneira de correção das rugas do rosto, trabalho de Erich Lexer (1867-1937).

É importante destacar que o termo "plástica" usado nesse tipo de cirurgia, não tem o sentido de artificial; vem do grego *plastiké*, que significa modelar, amoldar.

Este procedimento cirúrgico sempre teve um duplo papel: o de resgatar o corpo e o equilíbrio emocional do paciente, preservando sua autoestima e sua identidade social – seja por meio da recuperação de sua imagem ou de seu embelezamento. Assim, ele trabalha com um dos primeiros conceitos da estética: o bom e o belo.

Nos programas antienvelhecimento, a cirurgia plástica e a estética médica podem desempenhar este papel, como veremos a seguir.

As duas faces do espelho

Embora o processo de envelhecimento fisiológico se inicie por volta dos 25 a 30 anos de idade, nos conscientizamos de que estamos envelhecendo apenas quando sinais físicos começam a aparecer – principalmente na pele do rosto. Então o espelho, que até há pouco tempo era considerado nosso amigo, parece ter se virado contra nós.

Sabemos que a vida percorre um ciclo: nascemos, crescemos, tornamo-nos jovens e depois adultos – e costumamos aceitar isso com naturalidade. Mas, quando adentramos a fase de envelhecimento, essa naturalidade se esvai para a maioria das pessoas. Afinal, até aquele momento havíamos recebido somente vantagens biológicas: altura, um corpo modelado, seios firmes, energia sexual... Porém, **com o envelhecimento, a sensação é a de que estamos começando a perder algumas coisas...**

Esta constatação geralmente abala as emoções de quem não se preparou mental e espiritualmente para esta passagem, visto que, ao longo da vida, construímos uma autoimagem, à qual nos apegamos – ela faz parte da nossa autoestima. A psicóloga Sarah Grogan, professora da Universidade Staffordshire do Reino Unido, define: **autoimagem é o conjunto de percepções, pensamentos e sentimentos que uma pessoa tem sobre o seu corpo.**[13]

> "A beleza é o acordo entre o conteúdo e a forma."
>
> *Henrik Ibsen*
> dramaturgo sueco (1828-1906)

"Um dos dilemas que surgem com o envelhecimento é o desacordo entre a autoimagem e a imagem social", destaca o gerontologista Peter Öberg, da University of Gävle, Suécia.[14]

Simplificando, ao envelhecer, as pessoas, inconscientemente, separam mente e corpo. Ou seja, não conseguem mais unir a imagem que tinham de si àquela que agora veem no espelho. Neste momento, há o risco de desenvolvimento de depressão emocional, distúrbio capaz de condenar qualquer um ao isolamento e às suas consequências.

Os programas antienvelhecimento procuram evitar essa ruptura. Como demonstramos até aqui, a interação mente-corpo é, comprovadamente, fundamental para que você avance no tempo de maneira saudável e com qualidade de vida.

A verdadeira idade é a que você sente ter!

A união da medicina tradicional à medicina convencional abre um enorme leque de possibilidades para a longevidade saudável. O uso da meditação para combater a ameaça do estresse diário e manter o equilíbrio mental e espiritual, a adoção da modulação hormonal, a dieta saudável, a suplementação nutricional e a atividade física adequada permitem controlar cada etapa do envelhecimento.

Quanto aos desafios que envolvem a aparência, principalmente a pele e as formas do corpo – de grande importância para nossa autoestima e identidade social –, não faltam também recursos da medicina e da estética, que abordaremos nas páginas seguintes, dentro da perspectiva do nosso programa de Gestão de Idade®.

Preceito nº 9

CULTIVE SUA BELEZA COM HARMONIA, AMOR E SABEDORIA!

Olhe-se no espelho e veja o melhor de si. Queira que sua imagem reflita todas as suas qualidades físicas, mentais e espirituais.

E que a beleza que você vê seja preservada através do tempo.

A verdadeira beleza é o equilíbrio entre o externo e o interno. O cuidado integral da beleza do corpo, da mente e do espírito libera a sensação de plenitude da satisfação real.

Capítulo 10 – A pele

"Há quatro meses, quando completei 40 anos, reparei que minha pele estava perdendo o brilho, a textura não era mais a de 15 anos atrás e minhas pálpebras tinham caído. Achei que já era tarde demais para tentar recuperar. Mas ao conhecer o programa antienvelhecimento fui 'salva'. Hoje minha pele e as pálpebras estão rejuvenescidas e aprendi como mantê-las assim."

I. K. F., 40 anos, dona de casa

No capítulo anterior, falamos sobre a importância de nossa autoimagem e autoestima. Sabemos que ambas dependem de nossa própria percepção, e isso envolve, necessariamente, a nossa aparência – resumindo: nossa pele; sua qualidade e, principalmente, o papel que desempenha em nossa vida.

A pele é a sede da individualidade, responsável pela identificação de cada ser humano, o que representa um assunto fundamental e extremamente profundo.

Imagine, por exemplo, identificar a si mesmo ao telefone dizendo que tem bons pulmões, um aparelho digestivo que funciona bem e membros sem qualquer problema. Nenhum interlocutor seria capaz de reconhecê-lo(a). Porém, se descrevesse a si a partir de sua aparência – cabelos lisos ou crespos, pele clara ou escura, sardas –, provavelmente seria identificado(a).

Ao cobrir todo o nosso corpo a pele "desenha" nossa identidade. Por isso não existe uma impressão digital igual à outra; cada pele tem a sua própria "patente".

Portanto, podemos dizer que cuidar da nossa pele é cuidar de nós mesmos – um conceito que se torna ainda mais importante nos programas antienvelhecimento.

Como mencionamos várias vezes neste livro, a maioria das pessoas percebe que está envelhecendo apenas quando sua pele mostra as primeiras rugas, flacidez e perda de brilho.

Algumas pessoas ficam realmente revoltadas com o surgimento desses sinais, e sentem-se injustiçadas por receberem este "troco" da vida após terem estudado, trabalhado e batalhado tanto.

Conhecemos uma frase que responde bem a esta questão:

> "Apesar de todos serem vítimas do envelhecimento, ninguém provou até hoje que ele é necessário"
>
> *Deepak Chopra*

Chopra diz uma verdade que é válida não só para a pele. Os programas antienvelhecimento demonstram que não precisamos mais aceitar o chamado envelhecimento inevitável. Diversos estudos mostram que este processo cronológico pode ser controlado tanto externa quanto internamente, e existem inúmeros recursos para que todos possam comemorar cada década de vida esbanjando saúde, beleza e energia positiva.

Nesse processo, indubitavelmente cabe à pele um papel importantíssimo. Saudável e tratada como merece, ela resgata nossa autoestima e confirma nossa identidade social – dois fatores fundamentais para nos mantermos conectados com o mundo que continua vibrando à nossa volta.

A longevidade permeada de saúde e qualidade de vida nos possibilita o ganho de mais tempo para nos aprimorarmos humana e espiritualmente.

Desse modo, é importante nos mantermos atentos aos sinais enviados pelo nosso corpo. Ao recebê-los podemos compreendê-los. Ao compreendê-los, podemos colaborar com o seu equilíbrio e harmonia.

Por se tratar de um dos sistemas que sinalizam mais rapidamente o envelhecimento, é importante conhecer os processos que ocorrem na pele antes que as primeiras rugas apareçam!

Mundo interno, mundo externo

Além de abrigar a nossa individualidade, a pele representa uma barreira protetora contra agressões do meio ambiente, como bactérias, poluição e condições climáticas, e ainda é responsável por regular nossa temperatura corporal – o suor ajuda a eliminar o excesso de calor, por exemplo.

A pele também trabalha diretamente com o nosso cérebro por meio de diferentes tipos de terminações nervosas ou receptores. Esse "sistema nervoso" nos garante estímulos e sensações maiores ou menores – na língua, o paladar; nas mãos, o tato. É por meio da pele que vivenciamos também a experiência do carinho.

É curioso saber que, em um adulto médio, o órgão pele pesa cerca de três quilos. E se pudéssemos esticá-la como uma tenda, ela cobriria uma área de dois metros quadrados.[1] Sua espessura varia de 0,5 a 6 milímetros, dependendo da área do corpo. Nos olhos ela é bem fina, e na planta dos pés, mais espessa.

A pele possui uma estrutura invejável por sua sensibilidade, elasticidade e durabilidade. Graças a esta estrutura, nossos ossos, músculos e órgãos se mantêm unidos e em perfeita ordem.

Quando olhamos para o tecido fino e delicado que cobre nosso corpo, não imaginamos o número de processos que ocorrem sob ele para manter a nossa saúde.

Por exemplo, a epiderme, camada superior da pele, trabalha incessantemente (95% do seu tempo) para que novas células se formem. E, assim que isso ocorre – num processo que leva de duas semanas a um mês – elas começam a "subir", onde irão substituir as células maduras, os queratinócitos, responsáveis pela produção da queratina. À medida que novas células vão chegando, os queratinócitos vão se achatando e se aglomerando na superfície da epiderme. Eles são muito fortes e, por isso, conseguem nos cobrir e nos proteger, evitando, por exemplo, que entre água em nosso corpo. Para se ter uma ideia de sua resistência, a queratina também é responsável pela formação das unhas.

Além de trabalhar para produzir a queratina, a epiderme gasta 5% de seu tempo ativando os melanócitos para a produção da melanina. Essa proteína é responsável pela pigmentação da pele, determinando sua cor. É também fundamental para a saúde porque nos protege dos efeitos nocivos do sol, os raios ultravioleta (UV).

Quando novas células chegam à superfície da epiderme, as células mortas se desprendem dando início a um novo ciclo desse processo. A dinâmica desse processo é muito rápida; a cada minuto, perdemos cerca de 30 mil a 40 mil células - cerca de quatro quilos de células por ano.

Enquanto todo esse "movimento" ocorre na epiderme, a derme, uma camada abaixo dela, se encarrega de um trabalho diferente e muito importante no processo do envelhecimento.

O grupo de células e moléculas que forma a derme é responsável por sua "resistência (rigidez estrutural), extensibilidade (capacidade de estirar-se) e elasticidade (capacidade de recuperar a sua forma original)".[2] Esses efeitos resultam das diferentes proteínas produzidas por essa camada da pele, como o colágeno, que a "modela" e lhe dá resistência, e a elastina, que, como o próprio nome indica, garante sua elasticidade. Nesta camada também se concentram as terminações nervosas, os vasos sanguíneos e as glândulas sebáceas e sudoríparas.

Quando as células da derme deixam de produzir o colágeno e a elastina, a pele adquire propriedades físicas muito diferentes – o que acontece no processo de envelhecimento.[3]

A espessura da derme, como a da epiderme, também varia, sendo mais fina na área das pálpebras e mais espessa na palma das mãos e na planta dos pés.

Abaixo da derme está a hipoderme (tecido subcutâneo), camada mais profunda da pele, formada principalmente por células de gordura que ajudam, por exemplo, a manter a temperatura do corpo e a absorver impactos quando nos machucamos, além de ser responsável por manter nossos órgãos nos devidos lugares, ajudando a "modelar" o corpo.

É também nessa última camada de pele que nascem os pelos e cabelos. Cada fio tem seu próprio folículo, que atravessa a derme até chegar à superfície. Os folículos estão distribuídos por todo o nosso corpo, exceto nos lábios, palmas das mãos e planta dos pés. Sua maior quantidade se concentra na cabeça, onde podem chegar a mais de 100 mil.

Além das células produtoras de pelos e cabelos, os folículos também possuem melanócitos – produtores da melanina –, que se encarregam de dar cor aos fios. Na presença de muita melanina pura, o fio se apresenta castanho ou preto; na existência de feomelanina – substância semelhante à melanina –, o fio será loiro ou avermelhado. Quando essas células deixam de funcionar completamente, o cabelo torna-se branco.

Nas próximas páginas você entenderá como e por que a pele envelhece.

Preceito nº 10

PROTEJA SUA PELE, SUA IDENTIDADE!

Sua pele é seu contato com o mundo. Revela sua aparência, como você se trata, o quanto você se gosta. Por isso é importante cuidá-la com muito carinho.

Capítulo 11 –
O envelhecimento da pele

"No começo de 2010, ao ver a minha foto, me dei conta do quanto havia envelhecido... Minha autoestima entrou em queda e me vi entrando em depressão. Ao mesmo tempo, senti que eu deveria enfrentar essa realidade, pois, afinal de contas, eu estava viva. Foi quando conheci o programa Gestão de Idade® por meio da minha sobrinha. Submeti-me a procedimentos estéticos antienvelhecimento externos e internos e tive aprendizado muito importante de como prevenir-me e manter-me com saúde e qualidade de vida."

K. K. S., 72 anos, aposentada

Como vimos no capítulo anterior, nossa pele trabalha o tempo todo para manter-se viva e saudável – o que consiste em substituir as células que morrem por novas. Para realizar esse ciclo natural, elas enfrentam dois enormes desafios: o **intrínseco** (interno), que é cronológico ou biológico; e o **extrínseco** (externo), que depende do meio ambiente e do nosso estilo de vida.

Sob o ponto de vista cronológico, sabemos que, com o início do processo do envelhecimento, as células passam a trabalhar mais lentamente – a renovação celular que na juventude ocorria a cada 28 dias, na meia-idade demora 35 dias e, quanto mais avança a idade, mais células "velhas" permanecem em nossa pele.[1]

Porém, hoje conhecemos cientificamente os mecanismos do envelhecimento, então podemos nos antecipar, controlando esse processo para que não atinja o seu ponto extremo, por meio da prevenção.

Podemos, portanto, desde cedo, ajudar a pele, assim como todo o corpo, a manter-se em uma dinâmica saudável, interna e externamente. Os recursos existentes atualmente para isso passam por todos os pilares de que tratamos neste livro: equilíbrio corpo-mente, modulação hormonal, alimentação saudável, suplementação alimentar, atividade física e a **estética, fundamental para a autoestima, a identidade social e, consequentemente, uma vida social ativa.**

Causas internas do envelhecimento

A maioria das pessoas ainda sofre a influência de uma cultura que preconizava que as consequências do envelhecimento eram ditadas apenas e tão somente pelo desgaste "natural" de nossas células – ou seja, um processo programado pelo DNA, nossa herança genética.

Hoje sabemos que o DNA, se encarrega apenas de uma parte desse processo – a cronológica, previsível pelo correr do tempo. Mas ele não é o único responsável pela forma como envelhecemos, embora seja a causa intrínseca de determinadas condições. Por exemplo, é comprovado que algumas pessoas e alguns povos começam a envelhecer mais tarde devido à herança genética. Outra condição intrínseca conhecida é a de que as mulheres envelhecem mais cedo e rapidamente do que os homens devido aos hormônios, que desempenham importante papel também no envelhecimento cutâneo.

No caso feminino, o estrógeno, por exemplo, é responsável pela distribuição da gordura subcutânea, proporcionando suporte interno, firmeza e flexibilidade à pele. Este hormônio ajuda ainda a manter os tecidos hidratados, estimulando a produção natural de ácido hialurônico, substância que preenche o espaço entre as células e estimula a formação de colágeno – como visto no capítulo anterior, o colágeno é responsável pela resistência e firmeza da pele. A queda dos níveis hormonais causa as grandes mudanças fisiológicas e físicas que acompanham a menopausa.

Um estudo britânico constatou que o estado da pele feminina depende mais da extensão do período que a mulher viveu sem o estrógeno do que de sua idade cronológica. De acordo com a pesquisa, as mulheres que tiveram menopausa tardia apresentaram enorme vantagem cutânea em relação àquelas que começaram a perder estrógeno mais cedo.[2]

No caso masculino, cronologicamente, o envelhecimento aparece mais tarde. A pele do homem possui maior quantidade de fibras de colágeno, o que mantém sua firmeza por mais tempo. A camada córnea, que cobre a epiderme, é mais espessa nos homens, o que aumenta a resistência e a capacidade de hidratação de sua pele. Os hormônios masculinos também são responsáveis por regular a atividade e o crescimento das glândulas sebáceas, tornando sua pele mais lubrificada e a camada córnea mais protegida.

Outro importante fator intrínseco do envelhecimento está relacionado à produção excessiva de radicais livres, que se transformam em substâncias tóxicas. Eles são consequência direta do nosso estilo de vida e das agressões do meio ambiente, como exposição aos raios ultravioleta, poluição do ar, estresse, tabagismo, entre outros. Segundo estudos, os radicais livres, quando em excesso, causam a degradação do colágeno e a acumulação de elastina, caracterizando a pele fotoenvelhecida.[3]

Causas externas do envelhecimento

Como citamos inicialmente, os fatores extrínsecos que causam o envelhecimento estão relacionados ao meio ambiente e ao estilo de vida da pessoa, envolvendo desde o fotoenvelhecimento, a poluição do ar e o tabagismo até as expressões faciais e a lei da gravidade.

Fotoenvelhecimento

Este é o termo usado na Medicina para descrever o tipo de envelhecimento causado pela exposição aos raios solares. O grau de fotoenvelhecimento depende do histórico de exposição solar de cada pessoa e da cor da sua pele. Estatisticamente, pessoas de pele clara que ao longo da vida se expuseram ao sol sem nenhuma proteção desenvolvem mais sinais de envelhecimento do que as de pele escura – estas apresentam principalmente rugas finas e sulcos, enquanto as de pele clara podem apresentar rugas mais profundas e manchas senis, pintas, queimaduras, lesões pré-cancerosas e, até mesmo, câncer de pele. É importante lembrar que a exposição solar tem efeito cumulativo sobre a pele. O fotoenvelhecimento, portanto, é lento e inicialmente não é percebido. Os nocivos raios ultravioleta esgotam a capacidade de renovação da pele e as fibras de colágeno e elastina se rompem, causando a temida flacidez.

Estresse

O termo estresse é moderno, mas seu processo é muito antigo, pois surgiu com os seres vivos. Desde que está no mundo, o ser humano passa por estresses positivos e negativos – reações naturais do organismo para adaptação às mudanças.

Necessário à nossa sobrevivência, o estresse nos prepara para tomar decisões e para agir – neste caso, o estresse positivo. Antigamente, após um período de tensão, as pessoas tinham tempo para relaxar e se recuperar, mas, com a vida moderna, isso mudou. As pressões se tornaram diárias e se apresentam em casa, no trabalho, na rua e até no lazer.

Nosso organismo dispõe de numerosos sistemas para coordenar respostas adaptativas em níveis sistêmico e celular, mas não está preparado para o excesso de estresse, e isso torna a adaptação do organismo às exigências do dia a dia cada vez mais difícil. Essa má adaptação é o estresse negativo que atinge nosso corpo e mente de várias maneiras, por exemplo, reduzindo nossa capacidade imunológica, aumentando nosso risco a doenças cardiovasculares e elevando nossa produção dos radicais livres.

Na área psicológica, o estresse negativo causa depressão, ansiedade e os mais diversos distúrbios somáticos. Estudos recentes demonstraram que mulheres estressadas apresentavam encurtamento dos telômeros equivalente, em média, a 10 anos a mais de envelhecimento, comparadas às mulheres menos estressadas da mesma faixa etária.[4]

Como podemos perceber, o estresse se apresenta atualmente como o grande vilão da saúde. Mas é possível preveni-lo. A meditação pode ser o recurso número um no combate ao estresse negativo. Outras medidas aconselháveis são o desenvolvimento da compreensão, do perdão, da espiritualidade, o cultivo do amor, da alegria, da gratidão e a intensificação do contato com a natureza, o silêncio e a quietude.

Tabagismo

Todos sabemos que o fumo provoca mudanças bioquímicas no corpo e grandes danos ao organismo, além de acelerar o envelhecimento. Na pele, ele reduz o fluxo de sangue, dificultando a oxigenação dos tecidos e contribui para a formação de rugas. Outro de seus efeitos nocivos está ligado ao calor que emana do cigarro aceso e do contato de sua fumaça com a pele, gerando a perda da elasticidade cutânea.

Um artigo publicado na *Archives of Dermatology*[5] cita uma pesquisa realizada em Taiwan que também relaciona o fumo à calvície masculina (alopécia androgênica ou androgenética). De acordo com o estudo, fumar danifica a estrutura genética dos folículos capilares, responsáveis pelo crescimento dos fios. O tabagismo também pode afetar a circulação sanguínea e hormonal, tornando o risco de calvície permanece elevado mesmo entre os ex-fumantes. Uma pesquisa anterior, de 1996, publicada pelo *British Medical Journal* já relacionava o fumo ao surgimento precoce de cabelos brancos em homens e mulheres e à calvície nos homens.[6]

Álcool

Além do risco de causar dependência física e emocional, seu consumo provoca mudanças no metabolismo, diminuindo a produção de enzimas. Quando perdemos a capacidade de produzir enzimas, todo o nosso organismo se ressente, pois essas moléculas desempenham importante papel na nutrição e na vida das células, atingindo também a estética. A pele perde elasticidade, firmeza e umidade e os cabelos caem. Outro efeito negativo do álcool é estimular a produção excessiva de radicais livres, considerada, como já citamos, uma das causas do envelhecimento. A exceção é para o vinho tinto, cujo consumo moderado combate esta ação nociva.

Expressões faciais

Os movimentos repetitivos que fazemos com os músculos do rosto são responsáveis pelas indesejáveis rugas e marcas de expressão. Cada vez que movimentamos um músculo facial forma-se um sulco sob a pele. Quando somos jovens, a elasticidade cutânea faz tudo voltar ao devido lugar. Com o envelhecimento e a perda da elasticidade, porém, as linhas se aprofundam e se tornam permanentes.

Lei da gravidade

Em resumo bastante simplificado, a força gravitacional é aquela que atrai nosso corpo para baixo. Sem a adoção preventiva de um estilo de vida saudável, ao envelhecermos, sentimos dramaticamente na própria pele os efeitos dessa lei da física. Qualquer área do corpo sem sustentação "cai". Na pele, a perda da elasticidade e a ação muscular, por exemplo, fazem a ponta do nariz "descer"; as pálpebras ficam "caídas"; o lábio superior diminui enquanto o inferior aumenta; e os lóbulos das orelhas se alongam.

Posição de dormir

Deitar a cabeça no travesseiro sempre na mesma posição durante anos é outra forma de garantir rugas. Geralmente elas aparecem quando a pessoa está levantada. Quem costuma se deitar de lado irá desenvolvê--las no alto da maçã do rosto ou no queixo. Pessoas que dormem com a barriga para baixo e o rosto forçado para a lateral, podem desenvolver rugas na testa, além das anteriores. O ideal é dormir de costas, nesta posição o rosto não fica pressionado contra o travesseiro.

Rugas, flacidez, manchas, queda de cabelos

Já falamos sobre o fato de que a maioria das pessoas só percebe o avanço da idade ao ver as linhas que surgem em torno de seus olhos e lábios, a sobra de pele que surge contornando sua face, os fios de cabelos e pelos brancos e mais ralos – que se estendem a todo o corpo, causando efeitos visualmente desagradáveis.

A prevenção é o único meio de que dispomos para adiar e controlar o ritmo do envelhecimento. Sem ela, este processo segue sua sequência cronológica natural, o que, na pele, significa os seguintes impactos (veja também a ilustração *Três fases cronológicas da pele*):

- a derme se torna mais fina, as células demoram mais para se renovar;
- a camada inferior de gordura, abaixo da derme, começa a se atrofiar;
- a rede de fibras de elastina e colágeno, responsáveis por manter firmes as camadas superiores da pele, se afrouxam;
- a pele perde sua elasticidade, se torna irregular, facilitando a instalação da flacidez e das rugas (veja quadro *O ritmo do envelhecimento da pele*);
- as glândulas sudoríparas e sebáceas começam a se atrofiar, privando a pele de suas secreções protetoras. A pele se torna seca, muitas vezes

aumentando a probabilidade de desenvolver acne adulta, devido ao entupimento dos poros;

- com a idade, a capacidade de cicatrização da pele diminui, tornando mais lento este processo e aumentando a probabilidade de não desaparecimento da cicatrizes;
- as linhas entre as sobrancelhas e em torno dos olhos ("pés de galinha") se desenvolvem devido às repetidas contrações;

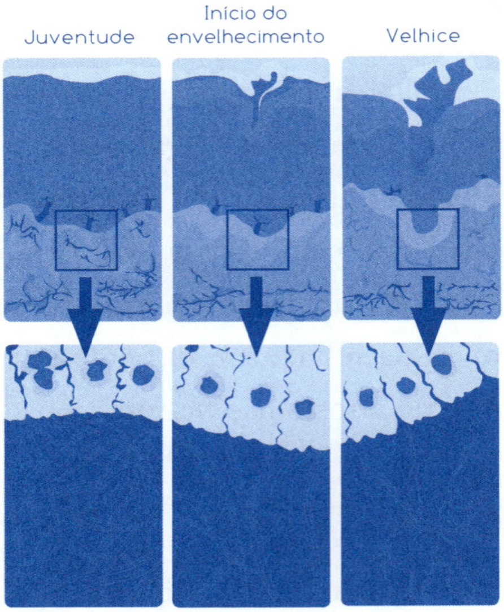

Três fases cronólogicas da pele: juventude, início do envelhecimento e velhice

- expressões faciais habituais formam rugas prematuras que se aprofundam com a ação da gravidade;
- surgem alterações na pigmentação da pele, causando descolorações de diversos tipos.[7]

Outras mudanças que ocorrem no processo do envelhecimento e estão ligadas à estética:

- queda de cabelos e surgimento de fios brancos;
- aumento da fragilidade das unhas;
- surgimento de pelos cada vez mais longos e constantes nas orelhas e nas narinas;
- raleamento das sobrancelhas e dos cílios e surgimento de fios brancos;
- possibilidade de surgimento de "bolsas" nas pálpebras ou sua queda, o que pode, inclusive, limitar a visão;
- diminuição da atividade das glândulas sebáceas, tornando a cera do ouvido mais seca, o que pode causar obstrução e diminuição auditiva;
- perda de dentes com efeito sobre os lábios, tornando-os enrugados;

- perda de material ósseo do maxilar, o que possibilita a modificação da área inferior do rosto.

O ritmo do envelhecimento da pele

Um teste curioso, usado para verificar a elasticidade da pele, é citado no livro *A solução para não envelhecer* (São Paulo: Cultrix).[8]

1. Segure a pele das costas da mão entre o polegar e o indicador, durante 5 segundos.
2. Solte-a, e cronometre quantos segundos a pele demora para voltar a ficar totalmente lisa.
3. Este é o indicador da idade real ou biológica, que pode, ou não, corresponder à sua idade cronológica.

   Resultados:

   0 a 1 segundo = 20 a 30 anos de idade

   2 a 5 segundos = 40 a 50 anos de idade

   10 a 55 segundos = 60 a 70 anos de idade

Como vimos, o envelhecimento de pele é um fenômeno global que envolve fatores intrínsecos e extrínsecos. Em relação aos fatores intrínsecos, a programação genética ainda prevalece. A solução quanto à queda dos níveis hormonais pode ser sua reposição por modulação hormonal antes que as alterações se tornem irreversíveis.

Sob o ponto de vista estético, é fundamental atuar sobre os fatores extrínsecos. Isso significa usar protetor solar desde a infância e evitar a exposição da pele ao sol, principalmente durante período de maior incidência de radiações perigosas (entre 10 e 14 horas);[9] praticar meditação para administrar o estresse; seguir uma dieta rica em nutrientes; e praticar atividades físicas adequadas. Nenhuma dessas medidas, porém, terá efeito no controle do envelhecimento se não mantivermos um estilo de vida saudável, evitando também o tabagismo e o álcool e adotando meios para manter a mente tranquila.

Nosso programa de Gestão de Idade® considera todas estas premissas, incluindo a estética. No próximo capítulo falaremos sobre os inúmeros recursos terapêuticos, clínicos e cirúrgicos hoje disponíveis e de fácil acesso para que a estética desempenhe seu importante papel na autoestima e na identidade social positiva.

Preceito nº 11

GERENCIE OS FATORES INTERNOS E EXTERNOS DA GESTÃO DA PELE!

Esteja consciente de que, em qualquer fase da vida, o tempo pode ser seu amigo e é você quem escolhe sua idade.
Tenha a felicidade de estar vivendo na era da ciência do antienvelhecimento.
É possível desacelerar o ritmo do seu relógio biológico.
Comece a colocar esses conhecimentos em prática agora mesmo.

Capítulo 12 – Principais tratamentos estéticos antienvelhecimento

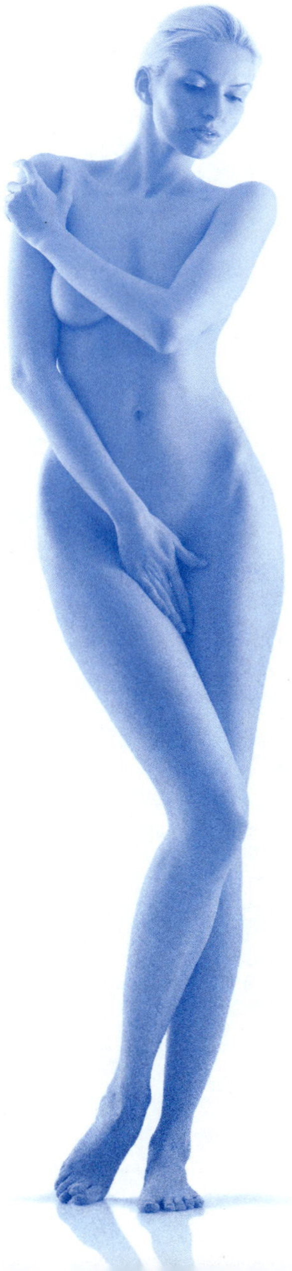

"Com a Clínica Horibe aprendi que é possível chegar aos 90 anos esbanjando sabedoria, administrando rugas e flacidez, alimentando o espírito e o corpo com equilíbrio e principalmente optando pela liberdade de espírito.

Li, reli, aprendi e divulguei as ideias da clínica que põem em prática técnicas de relaxamento e fazem qualquer procedimento estético ficar mais fácil e menos incômodo para os pacientes, deixando-os mais jovem, belo por fora e por dentro. Esse programa sobre Gestão de Idade® é um bálsamo e também um grande incentivo para quem quer qualidade de vida e redescobrir as forças invisíveis que temos dentro de nós. Ainda com seu trabalho é possível enfrentar desafios e conquistar superações, com a certeza de quem vai exercer o comando do próprio destino com saúde, beleza, dignidade e produtividade até o final de nossa existência."

G. N., 52 anos, jornalista

A estética e os programas antienvelhecimento têm sido aliados importantes nos últimos anos tanto para a batalha contra o envelhecimento, como para o resgate da autoestima. Até três décadas atrás, os pesquisadores dessas áreas sabiam pouquíssimo sobre o que poderia, por exemplo, evitar as marcas do tempo.

A primeira grande resposta surgiu com o ácido retinoico. Derivada da vitamina A, essa substância ainda hoje está presente nos produtos anti-idade, pois estimula a produção de colágeno. Depois deste, foi a vez do ácido glicólico – extraído da cana-de-açúcar e com ação mais branda. Recentemente, a indústria passou a investir nas substâncias antioxidantes como as vitaminas C e E, que impedem a ação dos radicais livres.

A novidade da área cosmética mais recente chegou pelas mãos do cientista norte-americano Peter Agre, Prêmio Nobel de Química em 2003. Ele descobriu o processo de irrigação dos tecidos e, consequentemente, o que os mantém hidratados e com aparência jovem.

Os estudos de Agre mostraram que existe na pele um complexo sistema de canais formados por proteínas. Essas estruturas atravessam a membrana celular, permitindo a entrada e a saída de água e de outros nutrientes. Chamados de aquaporinas, esses canais são essenciais para manter a hidratação da pele e de vários outros órgãos.[1]

Essa descoberta viabiliza a criação de produtos que consigam penetrar nas camadas mais profundas da pele, justamente para impedir ou atrasar o declínio que a deixa seca e enrugada. Os cientistas apostam que até mesmo outros órgãos, como os rins, poderão se beneficiar com as descobertas sobre o funcionamento desses canais.

Atualmente, outra área que também tem contribuído de maneira importante para a estética é a nanotecnologia – que estuda estruturas menores que um átomo. Os pesquisadores têm demonstrado de que modo essas partículas podem atravessar as camadas da pele, e penetrar nas mais profundas para hidratá-la. As nanopartículas seriam capazes de atuar na camada basal (a mais profunda da epiderme, responsável pela produção de novas células) para melhorar a qualidade das que serão formadas, retardando o envelhecimento.

Outra frente avançada de estudos que aponta possibilidades positivas para a ciência antienvelhecimento são as que envolvem o DNA, como as pesquisas sobre o comprimento dos telômeros e sobre a célula-tronco ou célula-mãe.

Telômeros, como mencionamos em capítulos anteriores, são as regiões do DNA que completam o final do cromossoma linear. Estudiosos já haviam constatado que o comprimento dos telômeros diminui progressivamente durante os sucessivos ciclos de divisão celular, levando as células à senescência, ou seja, à incapacidade de replicação – condição relacionada ao envelhecimento humano. O comprimento do telômero é, por isso, considerado um marcador do envelhecimento biológico. Um outro experimento demonstrou que é possível aumentar o tempo de vida celular, introduzindo a telomerase,[2] por meio de cultura, em células humanas normais.[3] A telomerase é uma enzima das células-tronco[4] capaz de reparar os telômeros e preservar o seu comprimento, permitindo que essas células continuem a se multiplicar.

Quanto às células-tronco, estudos científicos revelam que, além de seu reconhecido poder curativo, elas também apresentam grande potencial regenerativo para a pele. Na cirurgia plástica, têm sido realizadas com sucesso cirurgias experimentais de reconstrução de mamas afetadas por câncer também com o preenchimento, junto com o enxerto de gordura em face, nádegas e outros locais, usando células-mãe obtidas na gordura do abdome da própria paciente.[5-7]

Portanto, é perceptível o aumento das perspectivas para a ciência antienvelhecimento nas áreas da saúde e da estética. Mas enquanto esses avanços não se tornam a rotina dos consultórios e das clínicas médicas – pois ainda estão em fase experimental –, temos duas opções: para os mais jovens, a prevenção; para os mais velhos, o controle e o adiamento do ritmo do envelhecimento e a diminuição da idade biológica. Em quaisquer fases, todas as pessoas, exceto em casos de específica contraindicação, podem usufruir dos programas de gestão antienvelhecimento, uma vez que estes possibilitam a criação de pilares personalizados, ou seja, adequados à idade biológica de cada paciente.

Nas páginas seguintes abordaremos, de acordo com o pilar da Estética – tema deste capítulo – os recursos existentes para atender aos mais diferentes desafios que envolvem a boa aparência, com o objetivo de mantê-la ao longo da vida, mediante a constante manutenção.

Se comparássemos o ser humano a um automóvel, sua parte externa corresponderia aos serviços de funilaria e pintura, equivalendo à Cirurgia Plástica e à Estética Médica, e sua parte interna – seu motor, pela mecânica –, seria cuidada pela Gestão Antienvelhecimento. Portanto, é importante tratarmos com carinho estas duas partes para obtermos um resultado completo.

Tratamentos

A estética está relacionada à parte externa do nosso corpo, ou seja, à nossa imagem ou identidade física. Quando uma pessoa encontra outra pela primeira vez, ela não percebe sua qualidade intelectual, moral ou espiritual; sua primeira impressão se apoia sobre a aparência daquela pessoa – daí a enorme importância de uma apresentação bonita e saudável.

Mesmo sem a adoção de um estilo de vida preventivo, qualquer pessoa pode se beneficiar dos modernos recursos da estética médica. Para facilitar a compreensão das diferentes técnicas, abordaremos desde temas cosmecêuticos e procedimentos não cirúrgicos, minimamente invasivos, a procedimentos cirúrgicos mais atuais.

Cosmecêuticos

É importante destacar que cosmecêuticos são bem diferentes de cosméticos. Cosméticos são produtos de efeito temporário. Cosmecêuticos são medicamentos em forma de cremes e loções que penetram profundamente a pele causando modificações nas células – portanto, geram efeito duradouro. Devido ao seu grande apelo comercial, novos produtos cosmecêuticos são constantemente lançados no mercado.

Existem vários cosmecêuticos com ação *antiaging*, como a vitamina C, o ácido alfa-lipoico, o DMAE (dimetilaminoetanol), os tocotrienóis, os alfa- e beta-hidroxiácidos, o elastinol, o densiskin, o chá verde, entre outros.

Nós desenvolvemos um kit antienvelhecimento, resultado de pesquisa de mais de cinco anos, contendo cosmecêuticos que, usados diariamente, produzem um efeito rejuvenescedor duradouro, pois agem sobre as células. Este kit pode ser usado por mulheres e homens, em todas as idades e sobre todos os tipos de pele. As indicações são para a prevenção e para o tratamento do fotoenvelhecimento e de rugas superficiais. Os produtos se apresentam em forma de loções, emulsões e cremes.

Descreveremos a seguir alguns destes componentes:

- vitamina C ou ácido ascórbico: essencial para a produção e o reparo do colágeno, esta vitamina também age na pele como anti-inflamatório. Melhora e normaliza as alterações causadas pelo fotoenvelhecimento;
- DMAE: nutriente encontrado em peixes marinhos como salmão, anchova e sardinha foi inicialmente usado pela medicina em forma de cápsulas para melhorar a função cognitiva e em casos de hiperatividade.[8] Mais tarde descobriu-se seus efeitos sobre a contração dos músculos do pescoço, com benefícios *antiaging*. Em forma de creme, o DMAE atua como antioxidante – estabiliza a membrana celular, protegendo-a do efeito danoso dos radicais livres. Em alguns minutos, firma o tônus da pele. Aumenta a circulação sanguínea e o tônus dos lábios, da face, dos olhos e do pescoço, gerando uma aparência de firmeza que permanece por até 12 horas – é o chamado "efeito cinderela". Mas seus benefícios podem se tornar duradouros mediante seu uso contínuo, passando a agir diretamente nas células;
- chá verde: também presente no kit de nossa formulação, é uma folha originária da planta *camellia sinensis,* rica em várias substâncias, dentre as quais os polifenóis, os bioflavonoides, substâncias antioxidantes que ajudam a combater os radicais livres, responsáveis pelo envelhecimento precoce das células. Dentre os principais benefícios que fornece à pele estão a ação bioprotetora, a redução das reações inflamatórias, a redução da vermelhidão e a diminuição do desconforto da pele sensível;

- DensiSkin®: complexo biológico rico em polipeptídeos e polissacarídeos que atua sobre o microrrelevo cutâneo. Dentre seus principais benefícios estão: ação *dermo-relax*, reestruturação biológica, metabolismo celular, hidratação intensa e duradoura, ação hidrocalmante e biofilmagem protetora.

Procedimentos não cirúrgicos e minimamente invasivos

Peelings

Dentro do nosso Programa de Restauração da Pele,[9] o *peeling* é indicado em caso de manchas e marcas mais antigas ou resistentes. Este procedimento apresenta excelentes resultados na eliminação de rugas e cicatrizes finas, retardando significativamente a velocidade do processo de envelhecimento. O *peeling* pode variar em técnica (química, física ou laser) e profundidade (superficial, média ou profunda).

O *peeling* químico consiste na aplicação de determinadas substâncias químicas para destruir e remover a epiderme e/ou parte da derme preservando quantidade suficiente de anexos da pele (folículos de pelos, glândulas sebáceas e sudoríparas) de modo a gerar sua restauração, promovendo o nascimento de uma "nova pele". O objetivo é eliminar as irregularidades, tratar as imperfeições, manchas e rugas finas e promover o rejuvenescimento da pele e outros. Em geral, este procedimento não exige sedação, exceto no caso do *peeling* profundo. Com a aplicação do agente químico, a maioria dos pacientes sente uma sensação de ardor, variando um pouco em sua intensidade. O aparecimento de algum desconforto pode ser controlado com uma medicação analgésica. No período entre 4 a 7 dias para o *peeling* superficial, 7 a 10 dias para o *peeling* médio, e 10 a 14 dias para o *peeling* profundo, ocorre a descamação da epiderme, surgindo a pele renovada.

São vários os agentes empregados no *peeling* químico, dentre os quais destacamos aqueles que, por nossa experiência, apresentam melhores resultados:

- *blue peel* ou *peeling* azul: muito usado nos Estados Unidos, pode ser aplicado em todos os tipos de pele e em qualquer área do corpo;
- ácido tricloroacético (ATA): permite concentrações mais fracas (10%) ou mais fortes (até 90%), dependendo do caso. É um produto de uso clássico (começou a ser empregado em 1926) e dos mais eficazes para o *peeling* químico. Consagrou-se na medicina por ser versátil e não apresentar toxicidade no organismo. Seu uso, porém, requer grande experiência médica, pois pode causar queimaduras no *peeling* mais profundo.

Eletrocirurgia por alta frequência

Também chamado de radiofrequência, é o processo de corte e coagulação de tecidos com precisão, utilizando-se uma corrente alternada de alta frequência. As indicações são para lesões cutâneas, rugas estáticas e outras aplicações com resultados estéticos. Lesões cutâneas são as alterações que ocorrem no relevo da pele, como verrugas, manchas e outras imperfeições. As rugas estáticas são aquelas visíveis mesmo sem a movimentação muscular.

Laserterapia

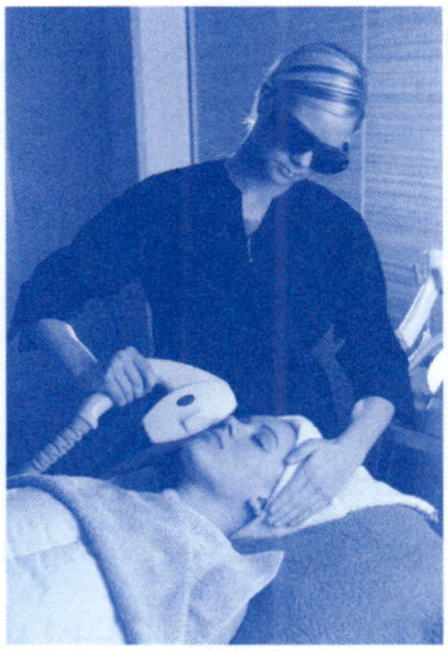

Existe um mito em torno do uso do laser na estética. O laser apresenta indicações, contraindicações e limitações. Procedimentos a laser exigem profissionais da área médica altamente experientes nesta técnica. O laser Erbium-YAG fracionado é um recurso muito eficaz para intervenções em casos de manchas, rugas e cicatrizes e também para o procedimento *resurfacing*, quando é usado em todo o rosto, para rejuvenescer toda a pele. Neste último, ele age destruindo e ressecando a camada superficial da pele, promovendo a sua renovação. Comprovamos também a sua ação no rejuvenescimento das mãos com resultados muito satisfatórios, durante trabalho de pesquisa que fizemos na Universidade Federal de São Paulo – Unifesp, publicada no *Journal of Clinical Laser Medicine and Surgery.*[10] Inicialmente, eliminamos as manchas e, em seguida, usamos o *resurfacing*, obtendo a renovação de toda a pele do dorso das mãos.

Luz intensa pulsada

É um procedimento não ablativo, ou seja, não invasivo à epiderme, baseado na ação de uma onda de luz sobre um alvo específico, indicado principalmente para tratamento de fotoenvelhecimento e para a melhoria da textura da pele. É a técnica eleita por pacientes que não podem se afastar do trabalho e/ou interromper suas atividades. Além de sua ação rejuvenescedora, a luz intensa pulsada é indicada para eliminar manchas, vasinhos e pelos. Ela não deixa marcas e ao final de cada sessão, o paciente pode retomar sua rotina de trabalho, por exemplo.

Preenchimento

Como mencionamos anteriormente, a pele envelhecida pode apresentar rugas estáticas (que aparecem mesmo sem movimentação muscular), rugas dinâmicas (que aparecem com o movimento), sulcos, flacidez e perda de contorno. Com o tempo, nossos ossos são reabsorvidos por nosso organismo, causando a perda dos contornos de nossa face, como a angulação da mandíbula, as maçãs do rosto etc. Para esta fase, a técnica de rejuvenescimento mais utilizada é o preenchimento.

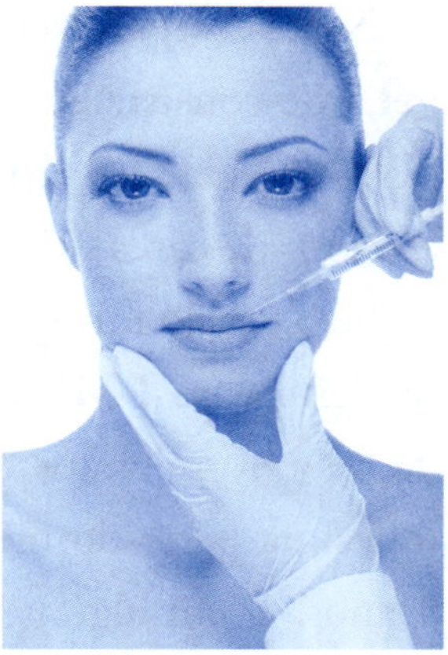

Para este procedimento empregamos somente produtos liberados pela Anvisa, como o ácido hialurônico, o ácido poliláctico, a poliacrilamida hidrogel, o PMMA (polimetilmetacrilato), o ePTFE (politetrafluoretileno expandido), além de técnicas como a lipoinjeção e a enxertia autógena. Estes produtos e técnicas têm como objetivo preencher a pele "levantando-a", dando a ela volume e um aspecto mais firme e jovem.

As principais indicações para o uso da técnica do preenchimento são os sulcos nasogenianos, conhecidos como "bigode chinês"; sulcos das comissuras labiais, laterais à boca; aumento dos lábios e contorno das áreas que, com o tempo, perdem volume; rugas em torno dos lábios, rugas glabelares (entre as sobrancelhas), cicatrizes de acne, cicatrizes pós-traumáticas, entre outras inúmeras indicações.

O **ácido hialurônico** é uma das substâncias mais usadas para o preenchimento, não necessita de teste alérgico prévio para seu uso, pois faz parte da constituição física dos seres humanos e da maioria dos vertebrados. É indicado para pessoas que desejam efeito imediato, com duração de 8 a 12 meses. Existem várias marcas para este produto, como Restylane®, Juvederm® e Dermahyal®. Trata-se de um produto sintetizado, composto por um gel de ácido hialurônico e é uma boa alternativa para o preenchimento de sulcos. Este produto também é ideal para pessoas que evitam fazer preenchimentos definitivos por medo de se arrepender. Porém, o que geralmente ocorre é o retorno do cliente, após uma bem-sucedida experiência, solicitando uma opção de preenchimento mais duradoura.

Nestes casos, uma das indicações possíveis é o **policrilamida hidrogel**, que consiste em preenchimento de composição com 95% de água e 5% de gel. Este produto dispensa o teste prévio para aplicação e tem duração de cerca de cinco anos.

Se o desejo for por um efeito mais duradouro, o preenchimento pode ser feito com **PMMA**, o polimetilmetacrilato, que reúne microesferas de 30 a 40 micra de diâmetro (cada micron ou micrômetro equivale à milésima parte do milímetro). Seu efeito pode ser notado durante até 5 anos, e, em alguns casos, até 10 anos após aplicação. É importante lembrar que embora o produto permaneça no organismo, o processo de envelhecimento da pessoa continua, o que torna importante a manutenção. O uso do PMMA exige bastante experiência, conhecimento anatômico e senso estético por parte do médico, pois sua aplicação deve ser feita em pontos estratégicos de modo que o "redesenho" do rosto do paciente alcance um resultado natural, respeitando sua anatomia. É como esculpir um ser humano ao vivo.

A sigla **ePTFE** significa politetrafluoretileno expandido, produto conhecido no Brasil pelas marcas Soft Form® e Advanta®. Usado para aumento ou reparação dos tecidos moles da face, o ePTFE é um implante semipermanente, removível e de efeito mais duradouro do que os preenchimentos anteriores. As formas variam de filamentos bem finos a tubos ocos que são implantados nas áreas desejadas. É bem-aceito pelo organismo e seu resultado é bastante natural.

Lipoinjeção

Para pessoas que não podem ou não querem usar os produtos citados para preenchimento e desejam soluções mais "naturais", a solução pode ser a lipoinjeção. Este procedimento consiste na transferência da gordura aspirada de uma região do corpo do próprio paciente para o local a ser tratado, com o uso de seringas especiais, com anestesia local e, se necessário, sedação. As indicações são muitas, desde cirurgia reparadora, como nas deformidades de nascimento e traumas, até a cirurgia estética da face e do corpo. Muitas vezes há necessidade de se repetir o procedimento devido à absorção parcial da gordura. Os resultados costumam ser satisfatórios. Mais informações sobre o tema serão fornecidas no tópico sobre enxertia de gordura.

Enxertia autógena

Se o cliente desejar um procedimento "natural" que não necessite repetir outras vezes, a opção pode ser a enxertia autógena; técnica em que o material é retirado do corpo do próprio paciente e transplantado para o local a ser tratado. No caso de sulcos nasogenianos, conhecidos como "bigode chinês", desenvolvemos uma técnica, divulgada em publicação científica internacional:[11] retira-se o enxerto da pele de cicatrizes já existentes – como após plástica de mamas ou do abdome ou, ainda, do couro cabeludo, se houver cicatrizes – posicionando-o no sulco, em seguida, por dentro da boca, de forma a criar volume, sem deixar marcas externas.

O mesmo procedimento pode ser usado para o aumento dos lábios.[12]

Injeção de fibroblastos autólogos

Já é uma realidade extrair e multiplicar em laboratório células-tronco adultas, a partir de qualquer tecido vascularizado. Essas células injetadas na derme são diferenciadas em fibroblastos autólogos, que resultam em uma nova população dessas células, promovendo o aumento da produção de colágeno e elastina. Como resultado temos o preenchimento de rugas, sulcos e cicatrizes de acne, além do resgate do viço e da elasticidade da pele.[13]

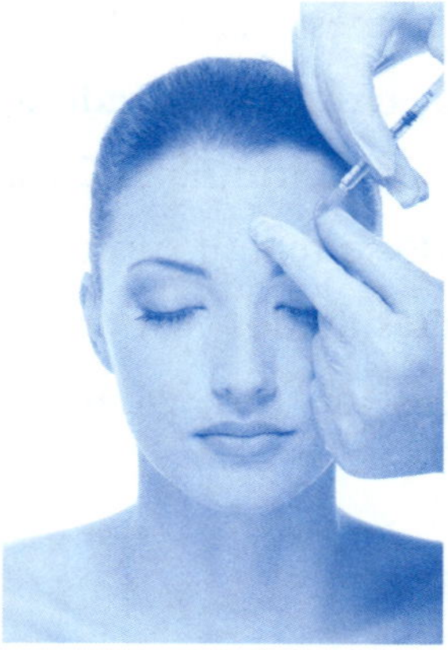

Toxina botulínica

A toxina botulínica, conhecida pelas marcas Botox®, Dyspor® e Prosigne®, age sobre as rugas de expressão (dinâmicas), que não podem ser eliminadas por meio da cirurgia plástica. Rugas dinâmicas são as que aparecem quando movimentamos ou contraímos os músculos da face (franzir a testa, sorrir, contrair as sobrancelhas, espantar-se, entre outros). Trata-se, atualmente, da técnica campeã de rejuvenescimento, junto ao preenchimento, tanto nos Estados Unidos como no Brasil.

Obtida pela cultura de um bactéria (*clostridium botulinum*), a toxina botulínica imobiliza os músculos de expressão da face, atenuando as rugas de expressão. É utilizada para eliminar temporariamente as rugas "pés de galinha", as da testa, entre as sobrancelhas e também as do pescoço. Os resultados começam a aparecer após dois ou três dias da aplicação e duram de três a seis meses. Para que o resultado seja satisfatório e, principalmente, natural é importante encontrar um médico que domine a técnica e que possua profundo conhecimento da anatomia.

Escleroterapia, laserterapia e eletrocoagulação

O envelhecimento afeta a microcirculação da pele, que começa a apresentar vasinhos finos com aspecto semelhante a uma teia, chamados telangiectasias. Esses vasinhos podem surgir em qualquer parte do corpo, mas são bastante comuns na face, principalmente ao redor do nariz, na região do queixo e maçãs do rosto. Nesses casos, a terapia mais indicada é a escleroterapia, procedimento não cirúrgico que injeta uma substância, geralmente glicose, assim como a laserterapia ou também a eletrocoagulação. Esses procedimentos podem ser combinados. O resultado é a pele mais bonita sem os vasinhos.

Dermopigmentação

Esta técnica consiste na introdução de pigmentos não alergênicos na pele para obtenção de efeitos estéticos. É indicada para cicatrizes pós-*lifting*, para o preenchimento de sobrancelhas que sofreram perda de pelos, para a pigmentação das pálpebras e dos lábios, para a repigmentação das aréolas e de outras partes do corpo. É praticamente indolor quando empregada adequadamente, ou seja, realizada por profissional médico especializado. A dermopigmentação é usada, por exemplo, para corrigir falhas de sobrancelhas ou redesenhá-las e para realçar o contorno dos olhos. A dermopigmentação médica tem resultado leve e natural. Os pigmentos de diversas cores usados na dermopigmentaçao médica são à base de óxido de ferro, glicerol, álcool e vegetais, todos liberados pela Anvisa.

A perda de cabelos pode ser resolvida por tratamento conservador ou cirúrgico – desde a adoção de medicamentos até o transplante. Para a queda inicial de fios são indicados, além dos medicamentos via oral

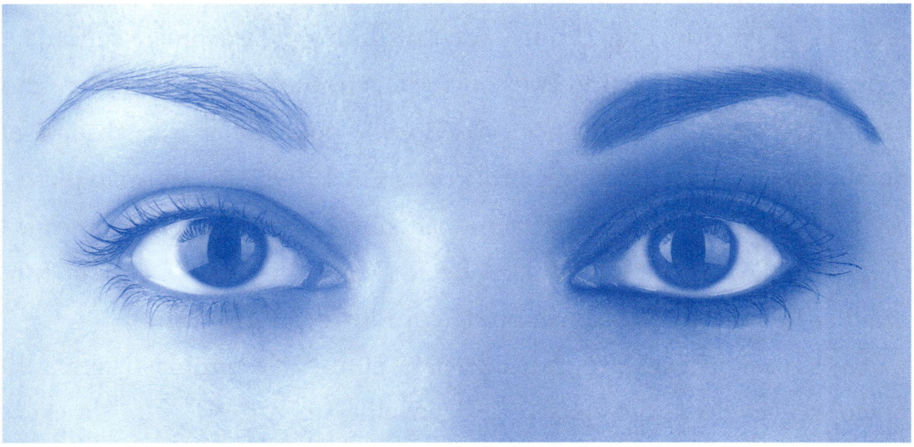

e tópica, o uso do laser de baixa potência e a injeção de medicamento específico por via intradérmica no local onde há perda de fios. Há, ainda, a aplicação no couro cabeludo por meio de injeção com agulha fina, do gás carbônico (CO_2) sob pressão controlada. Estes procedimentos servem para aumentar a circulação do sangue levando mais nutrientes para os fios de cabelos, tornando-os mais fortes, evitando sua queda e estimulando o seu crescimento.

Fio *lifting*

Como o próprio nome indica, é o *lifting* (elevação) que utiliza fios com o objetivo de "levantar" a pele, corrigindo rugas e flacidez. De efeito duradouro e sem cortes visíveis, o procedimento tornou-se uma boa opção para pessoas que não desejam submeter-se a uma cirurgia rejuvenescedora de maior porte. A técnica usa um fio fino de polipropileno com garrinhas, que é implantado na camada profunda da pele por meio de uma cânula. O cirurgião plástico segue com a cânula, levando o fio para as direções que serão "levantadas". Cada fio possui garrinhas que se prendem ao tecido, impedindo-o de sair do lugar. A cânula é retirada e o procedimento é repetido com outro fio, em outra área, até obter-se o efeito *lifting* completo. A anestesia é local e pode-se usar fio absorvível ou não absorvível. Essa técnica foi criada em 1999 pelo cirurgião plástico russo Marlen Sulamanidze, com o auxílio de seu filho Georges Sulamanidze.[14] Por isso é também conhecida como "fio russo". Atualmente existem fios muito mais aprimorados produzidos no Brasil.

Essa mesma técnica é indicada para eliminar a temida flacidez do braço, região do corpo que, com o envelhecimento e a falta de exercícios direcionados, forma grande quantidade de pele extra e flácida.

Antigamente, livrar-se desta condição significava ficar com uma enorme cicatriz que ia do cotovelo até a axila. Hoje, com o fio *lifting* braquial, isso não ocorre. Quatro fios são usados para puxar a pele para cima, e, se ainda assim se mantiver excesso de pele, pode-se retirá-la com apenas uma pequena incisão sob a axila. O contorno do braço fica estético e completamente rejuvenescido. Esse procedimento também pode ser usado para flacidez de outras regiões do corpo.

Procedimentos cirúrgicos

Conceitos que envolvem a cirurgia plástica

Atualmente, considera-se que as cirurgias rejuvenescedoras devem ser feitas o mais cedo possível, assim que as primeiras ruguinhas começam a aparecer. Desta forma, a pessoa mantém seu aspecto jovem e natural durante as diferentes fases de sua vida. O objetivo é evitar uma mudança brusca de aparência, que ocorre quando a cirurgia é feita após os 60 anos de idade.

A esse respeito apresentamos um trabalho durante um evento Internacional de Cirurgia Plástica no Japão.[15] Focados neste conceito, estabelecemos uma classificação dos tipos de procedimentos faciais de acordo com as necessidades mais comuns a cada grupo etário – ressaltando que nem sempre este deve ser um critério rígido, uma vez que pode haver pessoas com 35 anos aparentando 45, e pessoas com 55 anos aparentando 40.

- Grupo A: pacientes com idade entre 30 e 40 anos. Nesta fase a pele das pálpebras já começou a ficar flácida, ocasionando excesso de pele; a sobrancelha começa a cair. Cirurgia indicada: blefaroplastia (plástica de pálpebras), e, se necessário, elevação das sobrancelhas.
- Grupo B: pacientes entre 40 e 50 anos de idade. Nesta fase, a pele do supercílio perde a sustentação e "cai", o mesmo ocorre com as maçãs

do rosto e o pescoço. Cirurgias indicadas: mini-*lifting* e elevação da sobrancelha, além da blefaroplastia.

- Grupo C: pacientes acima de 50 anos de idade. Aqueles que nunca passaram por procedimentos rejuvenescedores podem apresentar todos os sinais mencionados anteriormente – pálpebras, sobrancelhas, maçãs do rosto e pescoço – além de sulcos profundos, papada e falta de contorno da face. Estas cirurgias podem ser combinadas em uma mesma sessão. É nesta fase que ficam claras as vantagens das cirurgias precoces, evitando intervenções maiores na idade avançada. Podem ser necessárias, ainda, a correção da ponta do nariz, que tende a cair com a idade, usando a técnica da rinoplastia, e o preenchimento labial, devido à perda de volume e do contorno, comum após os 50 anos de idade.

É importante ressaltar que as cirurgias são recomendadas nos casos em que procedimentos não invasivos e minimamente invasivos como o preenchimento, a laserterapia, as microinjeções, o uso do *lifting* com fios, entre outros, são contraindicados por razões específicas, ou porque não proporcionarão o resultado esperado. As cirurgias também são recomendadas para resultados mais duradouros e podem ser combinadas e complementadas por procedimentos não cirúrgicos.

Destacamos ainda que para se obter resultados satisfatórios e mais seguros, é fundamental que o paciente procure por um médico especialista em cirurgia plástica e que seja registrado em órgão competente (www.cirurgiaplastica.org.br).

Para se obter o título de especialista nesta área é necessário que o profissional, após formação em Medicina, especialize-se durante mais dois anos em Cirurgia Geral e mais três anos em Cirurgia Plástica. Durante este período de estudos ele é submetido a várias provas antes de ser definitivamente considerado especialista na área. E depois de aprovado nestas etapas, ainda deverá submeter-se a outras provas da Sociedade Brasileira de Cirurgia Plástica, até obter o título de membro titular de sua especialidade. É importante, portanto, que o paciente procure averiguar a formação do profissional que irá escolher. Como todos sabem, os cirurgiões plásticos brasileiros são respeitados internacionalmente – o Brasil é considerado centro de excelência nesta área e muitos pacientes vêm do exterior para se tratar em nosso país.

O bom profissional deve oferecer ao paciente uma consulta completa e não apenas uma "avaliação". Ele deve iniciar seu atendimento questionando o paciente sobre sua história e deve detectar sua necessidade; precisa fazer um exame físico apurado, explicar ao paciente as várias técnicas existentes e suas indicações para que o paciente possa escolher, junto ao médico, a que lhe for mais adequada. O cirurgião deve, ainda, considerar o fator psicoemocional do paciente, solicitar exames pré-operatórios, tirar fotografias e outros.

Em nossa clínica, ao atendermos um paciente não prestamos atenção apenas ao órgão que ele diz querer melhorar (face, nariz, mamas, abdome etc.); enxergamos também a sua situação psicológica e espiritual, ou seja, procuramos percebê-lo de forma global para lhe oferecer bem-estar interno e externo.

Portanto, nosso programa de Gestão de Idade® considera a cirurgia plástica inserida no conceito mente-corpo-espírito, que norteia todo o nosso trabalho. O programa tem início com uma consulta personalizada em que o paciente, além de tirar suas dúvidas e discutir as possibilidades técnicas das cirurgias, passa por outras etapas:

1. **Avaliação e relatório bioenergético:** feito por um sofisticado aparelho, baseado nos princípios da acupuntura – o que nos possibilita obter um verdadeiro "raio X" do real estado de saúde da pessoa, com informações detalhadas.
2. **Questionários de qualidade de vida:** respondidos pelo próprio paciente sobre sua rotina. Os dados informados são analisados e quantificados.
3. **Questionários de autoestima:** o paciente responde as questões específicas para avaliar o seu grau de sua autoestima.

Caso seja verificada a necessidade de melhora em qualquer uma destas esferas, um tratamento específico é indicado para otimizar o estado de saúde pré-operatório, o que significará uma cirurgia com mais segurança, considerando que nada pode substituir o equilíbrio e o bem-estar de nossos pacientes. Avaliadas as condições citadas, a cirurgia é programada, e pode envolver uma ou mais das técnicas destacadas a seguir. Citaremos as mais procuradas.

A título de curiosidade, pesquisa revelou que as cirurgias campeãs no Brasil são a prótese de mama e a lipoaspiração.[16]

Procedimentos Cirúrgicos[17]

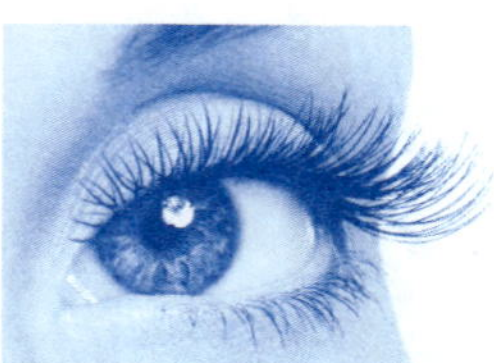

Blefaroplastia

O surgimento de bolsas nas pálpebras é uma das características do envelhecimento que mais incomodam esteticamente, pois provocam aparência cansada e triste ao rosto. Isso ocorre porque, com o passar do tempo, as estruturas palpebrais se afrouxam, fazendo surgir bolsas gordurosas e excesso de pele em torno dos olhos. Nestes casos a cirurgia mais indicada é a blefaroplastia, que retira os excessos, torna as pálpebras mais planas e lisas e restabelece a estética facial. A cirurgia é feita com anestesia local, e, se necessário, pode-se utilizar a sedação. Os pontos são retirados no período de uma semana.

A blefaroplastia é um procedimento também muito usado em pacientes orientais, porém com o objetivo de fazer a ocidentalização dos olhos, mediante a construção – "dobrinha" – do sulco órbito-palpebral superior. A busca por esta cirurgia tem sido cada vez maior devido à influência do padrão estético ocidental. Para estes casos, desenvolvemos uma técnica especial[18] que tem como fator preponderante a característica do sulco e não apenas a sua construção. Verificamos que o melhor resultado é obtido quando se considera a forma do sulco que, em primeiro lugar, melhor se adapta à face, e, depois, ao caso específico. Caso contrário, o resultado será artificial.

A altura do sulco do olho de um indivíduo ocidental é de 10 mm a 18 mm. Metade dos orientais nasce com este sulco, porém, medindo entre 5 mm e 8 mm. A outra metade nasce sem o sulco, com os cílios virados para baixo – alguns dos quais acabam entrando nos olhos, causando inclusive úlcera de córnea. Após a cirurgia, os olhos ficam maiores, pode-se ver melhor as pupilas e os cílios se voltam para cima. Também são retiradas as gordurinhas em excesso, comuns nos olhos orientais, eliminando o aspecto inchado das pálpebras. É uma cirurgia rápida, de pouco mais de uma hora, com anestesia local e não precisa de internação. A retirada dos pontos se inicia em três dias e termina em cinco dias. Em uma semana, ou um pouco mais, a pessoa já está recuperada.

Elevação das sobrancelhas

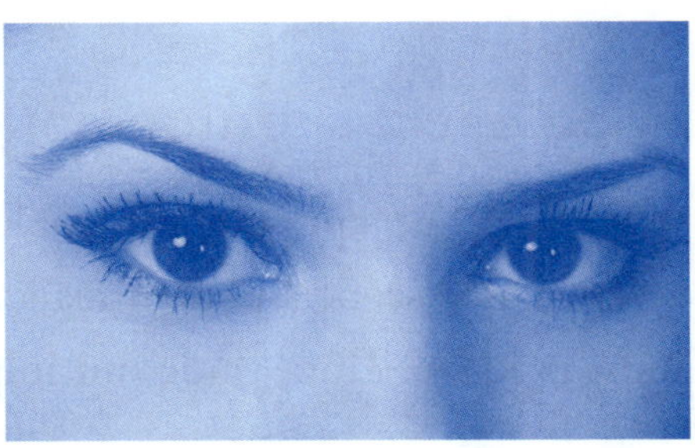

Com o envelhecimento, a área superior do rosto sofre o impacto da queda da região frontal e dos supercílios (sobrancelhas). Para recuperar o padrão estético, indicamos o *lifting*, procedimento com resultados altamente rejuvenescedores. Caso seja necessária somente a elevação dos supercílios, desenvolvemos uma técnica específica, menos invasiva, resultando em cicatrizes menores, escondidas sob o couro cabeludo. Nossa técnica está relatada em publicação especializada internacional.[19]

É comum a pessoa se surpreender bastante com o excelente resultado desta cirurgia. Normalmente, os pacientes não percebem o quanto a queda dos supercílios contribui para o envelhecimento de sua aparência.

Mini-*lifting* e *lifting*

Recomendamos o mini-*lifting* quando a flacidez ainda não traz grandes alterações à fisionomia da pessoa, e as rugas não são muito pronunciadas. Já o *lifting* é indicado para pessoas com maior flacidez e cujas rugas são mais profundas na face e no pescoço – o que nem sempre é determinado pela idade.

Essas técnicas consistem em suspender as estruturas da face e retirar o excesso de pele, melhorando o contorno facial e o do pescoço, proporcionando rejuvenescimento significativo. Em ambos os procedimentos, as cicatrizes são discretas. No mini-*lifting*, elas ficam escondidas sob o couro cabeludo, no *lifting* a maioria é ocultada pelos cabelos, e apenas algumas delas ficam camufladas dentro e atrás das orelhas.

Rinoplastia, mentoplastia e otoplastia

Pessoas que apresentam problemas estéticos relacionados ao nariz desde a adolescência podem realizar a rinoplastia a partir dos 14 ou 15 anos de idade. Trata-se de um importante recurso para casos de baixa autoestima. O mesmo conceito é válido para casos de queixo em projeção, para frente ou para trás, sendo indicada a mentoplastia após os 17 anos de idade. A correção das orelhas – otoplastia – em tamanho ou angulação pode ser realizada já na infância, entre os 5 e os 7 anos de idade.

Essas técnicas também são usadas nos casos de reestruturação de feições esteticamente prejudicadas pelo envelhecimento.

Com o avanço da idade a ponta do nariz se projeta para baixo, curvando-se devido à flacidez da pele e de suas estruturas de sustentação, como músculos e ligamentos. A cirurgia corrige a giba e eleva a ponta, o que é feito pelo orifício nasal. Neste tipo de cirurgia, considera-se o desejo do paciente, o formato natural do nariz e o seu equilíbrio com o rosto.

Lipoaspiração, enxertia de gordura e células-tronco

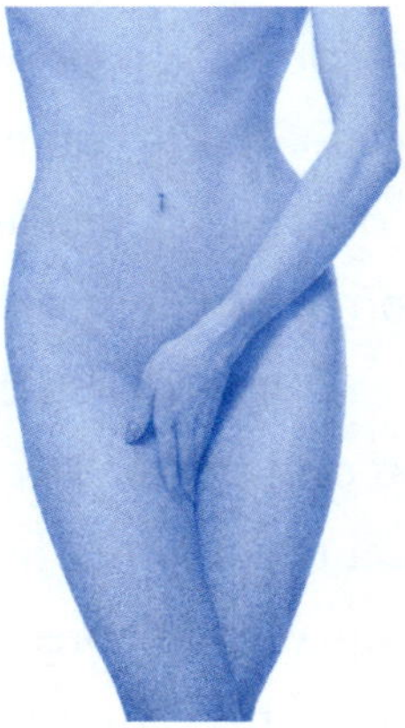

A lipoaspiração é uma das cirurgias plásticas mais procuradas por ser um procedimento rápido, seguro e satisfatório para a eliminação de gordura localizada. A ***lipo***, nome pelo qual a técnica é popularmente conhecida, é uma **cirurgia**, portanto, só deve ser realizada pelo cirurgião plástico – médico com a formação adequada para efetuá-la.

O procedimento consiste em fazer cortes milimétricos na pele, por onde são introduzidas finas cânulas que aspiram o excesso de gordura.

As técnicas atuais de lipoaspiração incluem a lipoplastia tumescente, a vibrolipoaspiração e o laser lipólise, que tornaram este tipo de cirurgia bastante segura, mais confortável para o paciente e de recuperação mais rápida. A anestesia pode ser local (com ou sem sedação), peridural ou geral – dependendo de cada situação clínica.

Na área de gordura a ser aspirada é infiltrada uma solução anestésica desenvolvida especialmente para este fim. Assim que a solução é absorvida, o cirurgião inicia a aspiração da gordura.

A vibrolipoaspiração utiliza um aparelho semelhante a uma caneta, que faz as cânulas vibrarem, rompendo as células de gordura e facilitando o processo de sucção.

O trauma gerado no tecido gorduroso pelo uso da lipoaspiração tumescente e da vibrolipoaspiração é baixo. Estes dois procedimentos provocam menos sangramento, menos dor no pós-operatório e a recuperação do paciente é mais rápida. A drenagem linfática é indicada para diminuir mais rapidamente o inchaço e a dor no local, proporcionando maior conforto ao paciente.

A lipoaspiração pode ser usada para a retirada de culotes, nos quadris, do excesso de gordura do abdome, da cintura, do interior das coxas, do interior dos joelhos, dos braços, no queixo duplo, entre outras áreas do corpo. É importante destacar que a lipoaspiração não é indicada para a obesidade, apenas para gorduras localizadas. Portanto, o ideal é estar com o peso normal e estável ao submeter-se a esse tipo de cirurgia.

A enxertia de gordura, também conhecida como lipoinjeção, é um procedimento utilizado pelos cirurgiões plásticos há muito tempo. Atualmente apresenta tendência de ser usado junto a células-tronco, como foi amplamente apresentado no 20º Congresso da International Society of Aesthetic Plastic Surgery (ISAPS), em agosto de 2010, em São Francisco, nos Estados Unidos,[20] mostrando resultados altamente satisfatórios e duradouros. Os pacientes submetidos a lipoaspiração ou outras intervenções cirúrgicas podem aproveitar a oportunidade de obter e criopreservar (guardar) células autólogas a partir desses restos cirúrgicos, mantendo as características da idade em que foram retiradas para uso futuro.

A enxertia de gordura envolve dois estágios: no primeiro, o cirurgião plástico aspira a gordura e a prepara (se for utilizar as células-tronco, é necessário passar por um processamento); em um segundo momento, ele a utiliza para o preenchimento de depressões do contorno corporal, remodelando o tronco e/ou membros. Por exemplo, pode-se tirar a gordura do abdome e usá-la para preencher os sulcos faciais que se formam entre o nariz e a boca (conhecidos como "bigodes chineses"), preencher os lábios, o contorno do rosto que se perde com o envelhecimento, aumentar o volume das nádegas ou do seios etc. Uma parte da gordura injetada é reabsorvida pelo corpo, variando em quantidade de paciente para paciente, porém, o procedimento pode ser repetido até se chegar ao resultado desejado. As cicatrizes que se formam são milimétricas e costumam localizar-se em pregas naturais do corpo. Os resultados dessas cirurgias proporcionam grande satisfação aos pacientes, melhorando muito sua autoestima.

Mastoplastia

É a cirurgia plástica das mamas. Hoje, este tipo de cirurgia oferece melhores resultados do que no passado, com o mínimo de cicatrizes. É um procedimento amplamente utilizado em casos de hipertrofia mamária (seios maiores que o tamanho normal), em que a paciente geralmente sofre com problemas de coluna, além de evitar o uso de biquínis, blusas justas e decotes.

Com o envelhecimento, a perda da sustentação das mamas e a perda de massa muscular no corpo tornam as mulheres com seios grandes e pesados mais sujeitas a dores, desvios na coluna e problemas de equilíbrio, pois o peso das mamas projeta o corpo para a frente, o que também prejudica na elegância da postura da mulher.

Atualmente esta cirurgia é de fácil realização, desde que um bom procedimento pré-operatório seja conduzido. A incisão pode ser feita em forma de "T", "L" ou "I", dependendo exclusivamente de cada caso. A cicatriz que se forma, em geral, é bastante discreta, apresentando um aspecto de linha esbranquiçada.

Quando a intenção da cirurgia é o aumento dos seios, são utilizadas próteses mamárias de silicone – lisas ou texturizadas – ou de poliuretano. Os implantes podem ser subglandulares ou submusculares, sendo este último indicado para casos em que o tecido mamário é muito escasso ou quando é necessário retirá-lo por motivo de doença. Em qualquer um dos casos, o cirurgião forma um espaço semelhante ao modelo e tamanho da prótese para alojá-la adequadamente. O corte pode ser areolar, axilar ou no sulco submamário. A escolha é feita por ocasião da consulta, depois de avaliado o físico e o tamanho da prótese, além da preferência da paciente.

Outro tipo de mastoplastia é a elevação das mamas, indicada para seios flácidos e caídos em consequência do envelhecimento, fase em que a gordura aumenta e as estruturas de sustentação da mama se afrouxam devido à perda hormonal e à diminuição das glândulas mamárias. Outra causa para a ptose (queda) mamária pode ser a gravidez. Para ambos, recomenda-se a mastoplastia de elevação, ou levantamento das mamas, que consiste em retirar o excesso de pele e tecido mamário existente, suspendendo a mama. As incisões podem ser em "T", "L", "I" ou periareolar, dependendo de cada caso. Feitas as incisões e o descolamento da pele, a glândula é remodelada, fixada na nova posição superior junto com a aréola e a pele é removida e costurada. Os resultados são sempre muito apreciados pelas pacientes.

Abdominoplastia e dermolipectomias

A cirurgia plástica do abdome, como outras estéticas e reparadoras, também evoluiu muito nos últimos anos, tornando-se menos invasiva, mais rápida e de recuperação mais confortável. Na abdominoplastia, além da retirada do excesso de pele e de gordura localizada, esta cirurgia reposiciona a musculatura, reforçando a parede abdominal. A cicatriz é estrategicamente situada na linha do biquíni e um novo umbigo é construído. Em casos mais discretos de volume e queda do abdome, a lipominiabdominoplastia é mais indicada – lipoaspiração com plástica de abdome com menor incisão.

A dermolipectomia é recomendada para a remoção dos excessos de pele, de gordura localizada e também para o remodelamento dos braços, das coxas e das nádegas. Os resultados costumam deixar os pacientes satisfeitos, e com aumento de autoestima.

Preceito nº 12

CONHEÇA E APROVEITE OS RECURSOS DE TRATAMENTOS ESTÉTICOS!

Sinta-se feliz e confiante ao saber que pode contar com os avanços tecnológicos dos recursos científicos estéticos da gestão antienvelhecimento para melhorar cada vez mais a sua autoestima e qualidade de vida.

Conclusão

Como todos sabemos, caro leitor, desde os primórdios da humanidade o ser humano tem como anseio manter a saúde, a qualidade de vida e a beleza pelo máximo tempo possível. Até poucos anos atrás, conquistar esses objetivos era considerado uma utopia. Mas, hoje, todos podemos contar com programas antienvelhecimento, que se tornaram uma realidade por intermédio da ciência – cujo objetivo é o aumento da longevidade e o rejuvenescimento funcional biológico, ou seja, **proporcionar mais anos à vida e mais vida aos anos**.

Como mencionamos neste livro, o antienvelhecimento, esta ciência dos novos tempos, tem como principal desafio diagnosticar e tratar precocemente os efeitos metabólicos degenerativos do envelhecimento. Ele atua, portanto, não só na cirurgia plástica, tema de nosso último capítulo, corrigindo os efeitos da idade sobre a pele e demais tecidos, mas também em outras especialidades. Sabemos que nenhuma pessoa se beneficia de um rosto e corpo jovens se seu organismo está sem energia, sem vitalidade.

O principal objetivo dessa nova ciência é evitar doenças que enfraquecem os ossos, as articulações, a circulação, causam depressão e solidão, entre outros males que "roubam" a alegria de viver e a qualidade de vida do ser humano.

Nos últimos anos, os avanços da medicina e da estética mostraram que é possível envelhecer com qualidade, mantendo uma aparência saudável e até mesmo bonita. Essa nova visão do processo de envelhecimento presta grande contribuição à Organização Mundial da Saúde

(OMS), que vem pedindo aos órgãos de saúde que adotem medidas para diminuir o desenvolvimento de doenças crônicas. Esta mudança de paradigma mostra que o objetivo é estimular o ser humano a buscar uma vida produtiva e com qualidade.

De forma bem prática, a recomendação da OMS para atingir essa meta é: controlar o estresse, praticar atividades físicas e manter uma alimentação balanceada.

Nosso programa de Gestão de Idade®, totalmente alinhado com a proposta dessa instituição, atua sobre o estilo de vida – responsável por 45% da plena saúde –, mente, dieta, suplementos nutricionais, exercícios físicos e modulação hormonal, além da estética.

Como atua nosso programa de Gestão de Idade®? Exatamente no sentido de reajustar o relógio biológico – o que significa desacelerar o ritmo do envelhecimento, deter alguns de seus processos e reverter seus biomarcadores, obtendo como resultado:

- a melhora da saúde em geral, do humor, da lucidez, da rapidez mental, da textura da pele, da vida sexual e do sistema imune;
- o rejuvenescimento da energia;
- a retonificação do corpo;
- a redução de depósitos de gordura; e
- o aumento da massa muscular.

Para ajustar o relógio biológico, realizamos um *check-up* antienvelhecimento como ponto de partida, obtendo um parâmetro das condições atuais do paciente e, mais do que isso, uma potente ferramenta para diagnosticar doenças de maneira precoce, ou seja, antes que elas se manifestem. Existem vários biomarcadores fisiológicos e biológicos do envelhecimento que podem relatar a real diferença entre a idade cronológica e a biológica. Além disso, são realizados exames laboratoriais, necessários para a elucidação dos diferentes perfis metabólicos.

Como mencionamos até aqui, caro leitor, o tratamento para a gestão antienvelhecimento envolve seis pilares, que foram destacados e definidos nas páginas deste livro.

Para realizar este trabalho, nos especializamos em diversas técnicas em clínicas consagradas de gestão antienvelhecimento nos Estados Unidos, e recebemos certificações pela Cenegenics Medical Institute (www.cenegenics.com), uma das mais respeitadas instituições norte-americanas especializadas na área.

Nosso trabalho nesta área inclui o curso, pioneiro em toda a América Latina, de pós-graduação *lato sensu* em Gestão Antienvelhecimento, chancelado pelo Ministério da Educação e Cultura – MEC, realizado na Universidade Cruzeiro do Sul (www.cruzeirodosul.edu.br).

Outra iniciativa muito importante que tomamos para o desenvolvimento desse segmento da saúde no Brasil foi a fundação, em 1999, da Academia Brasileira de Medicina Antienvelhecimento – ABMAE (www.abmae.com.br), também uma das pioneiras na América Latina.

Um novo paradigma

A gestão antienvelhecimento é um conceito novo no Brasil. Muitos profissionais da área da saúde ainda não acreditam na prevenção de doenças degenerativas e crônicas. Alegam que a ciência antienvelhecimento não dispõe de recursos tecnológicos para fazer diagnósticos ou, quando existem, tais recursos são caros. Isso não é verdade, como demonstramos nas páginas deste livro. Os programas antienvelhecimento incluem consulta médica e exames clínicos e laboratoriais para diagnóstico e perfil do paciente. Além disso, sua manutenção inclui orientações que, uma vez estabelecidas para determinado perfil, serão úteis a médio e longo prazos.

Estamos vivenciando o início do processo de mudança de uma mentalidade ultrapassada - mas ainda predominante no meio da saúde – para um novo conceito, baseado na prevenção. O reconhecimento de uma comprovação científica requer todo um processo, no qual não há como pular etapas. A ciência não escapa dessa verdade.

Outra mudança necessária relaciona-se ao perfil atual registrado no atendimento da saúde pública no Brasil. Antigamente, a prevenção de doenças infecciosas e contagiosas para crianças era altamente destacada. Hoje, a atenção está se voltando às pessoas em processo de envelhecimento e às doenças crônicas decorrentes dessa fase. A OMS vem promovendo ações científicas e práticas para combater e prevenir doenças crônicas. No Brasil, existe um departamento do governo que tem como meta de ação combater doenças crônicas.

Aprender a gerenciar a saúde é um fato novo no Brasil, mas enfrentamos este desafio com orgulho, primeiro porque a ciência antienvelhecimento busca a verdade científica, um paradigma-modelo. Segundo porque, com a introdução desse conceito na sociedade, todos ganham: a população e o governo. Hoje esse conceito preventivo é aplicado ao envelhecimento. Amanhã, a criança irá nascer, crescer e se desenvolver sabendo o que é bom para sua própria saúde.

Capacidade funcional, um benefício para as empresas

Imagine uma equipe de trabalhadores "consciente" de que a saúde é primordial para sua vida pessoal e para seu trabalho. Enfatizamos o termo "consciente" porque ele se diferencia muito de outros, como "reconhecimento" ou "estar informado". O indivíduo consciente leva o conceito à prática.

Se ele já tem noção de autogerenciamento da saúde, evita fatores que podem levá-lo à doença, o que significaria, para a empresa, baixa na produtividade. Centenas de pacientes, especialmente os empresariais, diariamente faltam ao trabalho em razão de problemas relacionados à saúde, acarretando prejuízo às organizações.

Nosso programa de Gestão de Idade® evita esse tipo de ocorrência, pois tem como foco o diagnóstico preventivo, o que permite diminuir substancialmente os valores gastos com a área da saúde corretiva para seus funcionários.

Para avaliar a saúde do indivíduo, utilizamos a chamada **capacidade funcional**. Ou seja, efetuamos uma avaliação funcional dos órgãos, do ponto de vista energético, uma vez que um órgão pode perder sua capacidade de armazenamento de energia. Possuímos tecnologia que permite avaliar até 20% dessa redução, ou seja, a verificação é feita quando ainda não há doença caracterizada. Em comparação, a capacidade de detecção dos exames de raios X somente é possível quando a energia do órgão está reduzida em 70%, o que já demonstra um quadro de doença instalada.

A manutenção da capacidade funcional é requisito básico para a qualidade de vida, e cabe à empresa um papel fundamental nessa ação preventiva, incentivando os funcionários a gerenciar a própria saúde, por meio do treinamento antienvelhecimento e da prevenção de doenças crônicas. O antienvelhecimento, na prática, é uma ciência direcionada para pessoas a partir dos 25 anos, embora possa ser iniciada antes dessa faixa etária.

A criação do programa Gestão de Idade® está intimamente ligada ao nosso desejo de tornar possível aos nossos pacientes a conquista do alinhamento de seu corpo e espírito.

Acompanhar o processo evolutivo da sociedade, praticar os bons hábitos de que o ser humano já demonstrou ser capaz e manter a mente repleta de amor e gratidão, para sentir a felicidade são apenas alguns dos itens que cada pessoa precisa cultivar. Viver o presente com alegria, fortalecer-se diante dos problemas e cultivar bons pensamentos e ações, com muito amor e sabedoria, nos levará ao amanhã sempre melhor.

Resumos e preceitos

Resumos

Capítulo 1 – O que é o envelhecimento

Neste capítulo você aprendeu que:

- Por volta de 2020, pela primeira vez na história mundial, haverá no planeta mais pessoas de 65 anos de idade ou mais do que crianças com menos de 5 anos de idade (National Institute on Aging, EUA).
- Em 2040, o mundo terá mais de 1,3 bilhão de idosos (National Institute on Aging, EUA).
- A população centenária está aumentando. O Japão é campeão nesse ranking, com mais de 40 mil pessoas que atingiram 100 anos ou mais em 2008, segundo o Ministério da Saúde e Bem-Estar daquele país. No Brasil, os centenários já ultrapassavam os 11 mil em 2007 (IBGE, 2007).
- O tratamento preventivo do envelhecimento deve ter início entre os 25 e 35 anos de idade, quando a produção hormonal começa a declinar.
- Após 45 anos de idade, a visão diminui, e a maioria das pessoas precisa de óculos para ler.
- Os músculos do corpo se ressentem da perda de fibras que são substituídas por gordura. Por volta dos 65 anos de idade, restam-nos apenas 20% de massa muscular.
- Essa perda nos leva a dizer: "parece que tudo está caindo". E está mesmo!

- Saúde não é apenas a ausência de doenças, mas o bem-estar físico, mental e social de uma pessoa (Organização Mundial da Saúde – OMS).
- Já existem **programas antienvelhecimento** voltados para a prevenção e a profilaxia das doenças metabólicas, o bem-estar físico e mental e a estética da idade madura.
- Nós temos três idades: a cronológica, que está na carteira de identidade; a biológica, constatada pela medicina e áreas afins; e a psicológica, que **você sente que tem**, marcada pela sua disposição de enfrentar a vida.
- A idade mais importante é a que você **sente que tem**.
- Os **programas antienvelhecimento** fazem a idade biológica se igualar à **idade psicológica**, ou seja, a idade que **você sente ter**.
- O programa de Gestão de Idade® é vantajoso não só para as pessoas em particular, como para as corporações, aumentando a qualidade de vida e a produtividade dos colaboradores.

Capítulo 2 – A gestão antienvelhecimento

Neste capítulo você aprendeu que:

- Estudos científicos e evidências demonstram que é possível controlar o processo do envelhecimento, prevenindo e tratando doenças crônicas que podem comprometer a vida saudável na idade avançada.
- Não foi descoberta ainda a principal causa do envelhecimento progressivo.
- Várias teorias foram desenvolvidas ao longo dos anos e servem de base para as estratégias antienvelhecimento.
- A primeira instituição dedicada a pesquisas e programas antienvelhecimento foi criada em 1993, nos Estados Unidos: A American Academy of Anti-Aging Medicine – A4M.
- No Brasil, em 1999, foi fundada a Academia Brasileira de Medicina Antienvelhecimento – ABMAE.

- Também já existe no Brasil o Curso de Pós-graduação *Lato Sensu* de Gestão Antienvelhecimento, o pioneiro da América Latina.
- Quarenta e cinco por cento de sua plena saúde dependem do seu estilo de vida.
- Os programas antienvelhecimento são interdisciplinares, ou seja, reúnem várias especialidades da medicina, como endocrinologia, cardiologia, cirurgia plástica, geriatria e outras áreas da saúde, como nutrição, fisioterapia, psicologia, educação física, entre outras.
- Entre os principais benefícios do programa Gestão de Idade® estão a melhora da saúde geral, da qualidade de vida, da vida sexual, do humor e da qualidade estética.
- O programa de Gestão de Idade® deve ser adotado desde a juventude porque sua característica interdisciplinar e personalizada trata alterações comuns em qualquer idade "sob medida", como obesidade, estresse, diabetes, ansiedade, desequilíbrio hormonal etc.
- Este tipo de programa beneficia não apenas pessoas em particular como também as corporações, promovendo mais qualidade de vida e produtividade.

Capítulo 3 – O corpo visto como um todo

Neste capítulo você aprendeu que:

- A medicina convencional, até hoje ensinada nas universidades, segue o modelo mecanicista e materialista de ver o ser humano. Este conceito, desenvolvido no mundo ocidental, dividiu a vida humana em duas partes: a física e a espiritual, e coube a esta medicina tratar apenas a parte física.
- A Igreja Católica tomou a si a incumbência de zelar pela vida espiritual, mas de acordo com seus dogmas, que eliminavam qualquer possibilidade de crença que não fosse baseada nos princípios cristãos.

- Problemas emocionais e mentais eram associados à presença do demônio, e o exorcismo, praticado por padres, era a única maneira de curá-los.
- No século XIX, médicos e cientistas redescobriram uma antiga verdade: que a mente poderia afetar o corpo que a abrigava. Doenças emocionais e mentais passaram a ser curadas com medicamentos e tratamento humanista.
- O desenvolvimento da psiquiatria e dos estudos do comportamento aproximou a biologia, cada vez mais, dos sentimentos e emoções humanos.
- Há algumas décadas teve início um movimento de resgate de várias medicinas milenares, como a Ayurvédica, da Índia, e a Medicina Tradicional Chinesa (MTC). Hoje, muitas dessas práticas têm seus princípios e técnicas incorporados à medicina convencional, alguns adotados em programas oficiais de saúde em vários países do primeiro mundo e no Brasil. É o caso da acupuntura.
- A física quântica vem contribuindo para uma nova visão da saúde humana, ao mudar a forma de ver o mundo e seus fenômenos. Corpo, mente e espírito estão interligados. Cada ser humano é único, como comprova nosso DNA.

Capítulo 4 – 1º Pilar – Mente e corpo

Neste capítulo você aprendeu que:

- A partir dos anos de 1960, o número de pessoas buscando terapias alternativas aumentou, resgatando práticas associadas a conhecimentos milenares, aos produtos naturais, a técnicas como meditação, massagem, yoga e acupuntura. Surge, então, a chamada medicina mente-corpo, que olha o ser humano de forma integrada e estabelece uma relação humana com o paciente, considerando pensamentos, emoções, sentimentos e modo de vida.

- O estresse vivido pelo homem moderno é visto hoje como possível causa dos mais variados distúrbios emocionais e físicos.
- Vários estudos passaram a comprovar cientificamente a capacidade de autocura do corpo e o papel da autorresponsabilidade no processo de cura (Alan Watkins).
- Pesquisas da psiconeuroimunologia (PNI) revelam que substâncias naturais do nosso corpo poderiam causar alterações de humor, dor e prazer.
- A cientista Candace Pert cria o termo "moléculas da emoção" para definir o papel dos neuropeptídeos, mensageiros das células cerebrais, na nossa vida emocional.
- A teoria da física quântica ganhou espaço transformando a visão do homem e do universo. Seus princípios passam a ser adotados em diferentes áreas do conhecimento, incluindo a saúde.
- Médicos como Deepak Chopra e físicos como Amit Goswani, Danah Zohar e Fritjof Capra levam ao grande público os conceitos quânticos para que entendam melhor o ser humano e sua relação com a vida e o mundo.
- A visão quântica na saúde resgata o conceito global do ser humano, unindo corpo e mente e a relação do homem com o seu ambiente.
- O programa de Gestão de Idade® vê o processo de doença e de cura sob os aspectos físico, metabólico, vital, mental e supramental.
- Para o processo de cura ou de equilíbrio adotamos recursos multidisciplinares: medicina convencional, prática ortomolecular e nutrição, homeopatia, fisioterapia funcional, psicoterapia e meditação.
- A meditação é fundamental para o equilíbrio e o bem-estar, para evitar o estresse e prevenir doenças do envelhecimento.

- Nosso programa antienvelhecimento indica a meditação por sua atuação global na saúde e sua prática simples, independente e sem custo.
- Cada vez mais pessoas adotam a meditação em todo o mundo. E a tendência hoje é a inclusão da prática de meditação na rotina de grandes corporações.

Capítulo 5 – 2º Pilar – Modulação hormonal

Neste capítulo você aprendeu que:

- Os hormônios formam uma rede de comunicação entre as células. Quando este sistema funciona bem, nosso organismo reage como uma orquestra executando uma maravilhosa sinfonia.
- Possuímos trilhões de células em cujos centros ocorrem inúmeros processos para a manutenção da vida, como a nutrição, a produção de energia e a reprodução.
- É tida como cientificamente certa a existência de alguma relação entre o desequilíbrio hormonal e o envelhecimento. Vários hormônios estão envolvidos no processo do envelhecimento e seu desequilíbrio provoca alterações físicas e psicológicas.
- Já se foi o tempo em que as doenças crônicas que acompanhavam o envelhecimento eram encaradas como "fatalidades" contra as quais não poderíamos lutar. Hoje é possível prevenir-se contra elas, diminuindo suas consequências.
- A terapia de reposição hormonal é um dos principais recursos para equilibrar o organismo e prevenir as doenças que surgem com o avançar da idade.
- As primeiras terapias de reposição hormonal objetivavam a diminuição dos sintomas da menopausa e utilizavam hormônios sintéticos, artificiais, com a promessa de prevenir doenças cardiovasculares e o

câncer feminino. Em 2002, o movimento Women's Health Initiative, dos Estados Unidos, divulgou um estudo negando os benefícios dessa terapia, gerando um grande preconceito contra a terapia de reposição hormonal.

- Chama-se modulação hormonal bioidêntica a terapêutica que usa hormônios bioidênticos para fazer com que o organismo recupere o mesmo nível hormonal existente antes do início do processo do envelhecimento.

Capítulo 6 – 3º Pilar – Alimentação antienvelhecimento

Neste capítulo você aprendeu que:

- Estudos comprovam: a alimentação tem participação direta na saúde do nosso corpo.
- Comer muito não significa comer bem. O mais importante é a qualidade e não a quantidade do que ingerimos.
- Uma vida saudável nos cinco primeiros anos é mais relevante para o crescimento humano do que as características étnicas e genéticas, segundo a Organização Mundial de Saúde – OMS. E a alimentação é fator fundamental neste processo.
- Segundo a OMS, os problemas mais comuns que afetam o crescimento, como a subnutrição e a obesidade, podem ser detectados e corrigidos nos primeiros anos de vida.
- No Brasil, 15% das crianças estão obesas, segundo dados do Ministério da Saúde e da Organização Panamericana da Saúde – OPAS.
- Sabe-se hoje que a obesidade é um dos maiores inimigos da longevidade e que ela é responsável por inúmeras enfermidades na infância e na vida adulta.

- A melhor dieta é a personalizada, pois cada pessoa possui um metabolismo e um estilo de vida diferente. A boa dieta deve ser fácil e agradável de ser seguida, integrada à rotina individual.

Capítulo 7 – 4º Pilar – Suplementos nutricionais

Neste capítulo você aprendeu que:

- Uma boa dieta alimentar é insuficiente hoje para surprir as necessidades nutricionais do organismo humano saudável.
- A moderna agricultura, a industrialização dos alimentos, a conservação e o transporte diminuem a qualidade nutricional dos ingredientes.
- Com o déficit de nutrientes importantes, diminui a capacidade do organismo de se defender. Estudos comprovam a relação entre nutrientes e a saúde das células.
- Os suplementos nutricionais compensam a queda dos nutrientes importantes para o equilíbrio da saúde. Estes produtos devem ser tomados sob prescrição médica para que não tenham efeito tóxico no organismo.
- Investigação sobre a dieta alimentar e estilo de vida, além de exames laboratoriais, permitem ao médico indicar a quantidade ideal de suplemento nutricional para cada pessoa.
- Além de atuar no equilíbrio da saúde, o suplemento nutricional recomendado por médico irá agir preventivamente para a conquista de uma longevidade saudável.

Capítulo 8 – 5º Pilar – Exercícios regulares

Neste capítulo você aprendeu que:

- O sedentarismo é responsável por 2,05 milhões de mortes por ano no mundo, segundo o estudioso Michael Pratt.

- Qualquer parte do corpo que deixa de ser usada se atrofia e definha: é a chamada "síndrome do desuso", termo criado pelo estudioso Walter M. Bortz II.
- O sedentarismo é uma epidemia no mundo industrializado. O homem trocou a atividade física pelo sofá, pela TV e pelo computador. Segundo a Organização Mundial de Saúde, 70% da população mundial é sedentária.
- Estudos científicos comprovam a relação entre o sedentarismo e o envelhecimento precoce. As pessoas fisicamente ativas são "biologicamente mais jovens".
- Dentro do conceito mente-corpo, o médico *best-seller* Deepak Chopra destaca que não basta apenas se movimentar para obter os benefícios da atividade física. É preciso envolver a consciência nesse processo.
- Os mais recentes estudos revelam que 10 mil passos por dia ajudam a pessoa a sair do sedentarismo. Pense bem: ir e voltar da padaria da esquina a pé pode representar 2 mil passos!
- A Organização Mundial da Saúde recomenda a prática diária de atividade física por 30 minutos, cinco dias por semana, para ajudar a manter a saúde e prevenir as doenças crônicas comuns ao envelhecimento. Outros benefícios são o bem-estar físico e psicológico e melhor qualidade de vida por muitos anos.

Capítulo 9 – 6º Pilar – Estética

Neste capítulo você aprendeu que:

- O termo estética foi primeiramente usado em filosofia, na antiga Grécia. Até hoje é discutido nas Artes, não havendo uma definição conclusiva sobre o que é o belo.

- O conceito de beleza é relativo à época, à cultura e até ao próprio indivíduo. Mas sabe-se que está ligado aos sentidos, ao sentimento do que nos é agradável.
- No período do Renascimento, a busca pela estética, pela perfeição da natureza, levou muitos artistas a pesquisarem a anatomia humana, o que ajudou os médicos e a moderna ciência da anatomia.
- Desde o início do mundo, o ser humano procurou enfeitar o seu corpo, inicialmente para realizar rituais religiosos.
- No antigo Egito, substâncias coloridas e óleos perfumados passaram a ser usados com o objetivo único de "adornar" o rosto e o corpo. Foram estes os primeiros cosméticos de que se tem conhecimento.
- Estudos arqueológicos revelam que por volta do ano 3000 a.C., já eram realizados transplantes de tecidos. Entre os hindus, sabe-se que eram feitas cirurgias para reconstruir o nariz.
- A cirurgia reparadora surgiu da necessidade de reconstruir danos que prejudicariam para sempre a aparência e a autoestima de uma pessoa.
- As guerras do início do século XX motivaram o desenvolvimento de novas técnicas de cirurgia para reparar os graves ferimentos causados pelas armas "modernas".
- Hoje, reconhecidamente, a estética tem papel relevante sobre nossa autoestima e identidade social.
- Com o processo de envelhecimento, muitas pessoas sentem sua estética ameaçada. Para esses casos, existem inúmeros recursos disponíveis, tanto por parte da estética médica como da cirurgia plástica.

Capítulo 10 – A pele

Neste capítulo você aprendeu que:

- A pele é a sede da nossa individualidade, representando importante papel na nossa autoestima e identidade social.

- Geralmente, as pessoas só se conscientizam de que estão envelhecendo quando sua pele mostra os primeiros sinais de envelhecimento – principalmente, rugas, flacidez e perda de brilho.
- Nossa pele possui três camadas: a epiderme, a derme e a hipoderme.
- A epiderme é a "pele que vemos", rica em queratina, proteína que protege os tecidos e os fios. Também produz a melanina, responsável pela cor de ambos.
- Não vemos a derme, a segunda camada, mas é nela que estão as fibras que sustentam a pele. Quando estas fibras enfraquecem, a pele fica flácida e envelhecida.
- A hipoderme é a última camada da pele e é onde estão as células de gordura e os folículos pilosos, que produzem os fios de cabelos e pelos, e garantem a sua cor.
- Cada uma das camadas da pele desempenha um papel específico no processo do envelhecimento.

Capítulo 11 – O envelhecimento da pele

Neste capítulo você aprendeu que:

- As causas do envelhecimento da pele são internas (intrínsecas) e externas (extrínsecas). As internas são as determinadas pela herança genética, e por condições fisiológicas, como os hormônios e a produção dos radicais livres. Externamente, os maiores vilões do envelhecimento cutâneo são, além da lei da gravidade, os raios solares, o estresse, o tabagismo, o consumo de álcool, as expressões faciais repetitivas e até a posição de dormir.
- As mulheres envelhecem mais cedo e mais rapidamente do que os homens.
- A prevenção é o único meio de que dispomos para adiar e controlar o ritmo do envelhecimento e suas desagradáveis consequências

visuais, como rugas, flacidez, manchas senis, alterações nas feições, entre outras, e envolvem várias frentes de atuação, todas priorizando a qualidade de vida e o equilíbrio mente-corpo.

- A estética desempenha papel fundamental no equilíbrio emocional e na vida social.
- A medicina hoje dispõe de diversos recursos para minimizar ou solucionar os desafios estéticos que surgem com o envelhecimento.

Capítulo 12 – Principais tratamentos estéticos antienvelhecimento

Neste capítulo você aprendeu que:

- A estética e os programas antienevelhecimentos têm sido aliados importantes nos últimos anos, tanto na batalha contra o envelhecimento, como no resgate da autoestima.
- As últimas descobertas nas mais diversas áreas ligadas à saúde, permitem hoje que os tratamentos estéticos sejam menos invasivos e proporcionem resultados mais naturais.
- A era da dor e do sacrifício para manter uma boa aparência terminou. Hoje, pessoas de qualquer idade dispõem de várias opções para recuperar a aparência, de acordo com a idade que SENTEM TER. Sem dor e sem alterar muito a sua rotina.
- Das substâncias de uso direto na pele, aos preenchimentos e à nova cirurgia plástica – menos invasiva, menos dolorosa e com cicatrizes praticamente invisíveis – sempre haverá uma forma de atender as expectativas estéticas do paciente, com resultados altamente satisfatórios e de acordo com as suas necessidades e possibilidades.

- Ninguém mais precisa sofrer com rugas, flacidez, sulcos, manchas, perda de cabelos e outras desvantagens estéticas. Um bom médico especialista pode orientar qual a melhor terapêutica para o paciente.
- Quando realizados por cirurgião plástico experiente, os tratamentos não colocam em risco a vida do paciente.

Sob o nosso ponto de vista, o tratamento estético só cumpre a sua função se for acompanhado por equilíbrio emocional e espiritual. A boa aparência é um complemento destas conquistas.

Preceitos

Preceito nº 1

SINTA-SE JOVEM!

A verdadeira idade é a que você sente que tem.

Preceito nº 2

PRATIQUE A GESTÃO DE IDADE!

Vamos ter saúde, qualidade de vida e produtividade até o final de nossa existência por meio da gestão antienvelhecimento.

Preceito nº 3

TRATE O CORPO INTERNO E EXTERNO COMO UM TODO!

A verdadeira saúde do ser humano é o equilíbrio entre corpo, mente e espírito. Coloque em prática os seis pilares da Gestão de Idade®:

1. Mente e corpo;
2. Modulação hormonal;
3. Alimentação antienvelhecimento;
4. Suplementos nutricionais;
5. Exercícios regulares;
6. Estética.

Com eles alcançaremos esse equilíbrio e bem-estar.

Preceito nº 4

MEDITE DUAS VEZES AO DIA!

Aquiete sua mente 20 minutinhos, de manhã, ao acordar, e à noite, ao dormir, por meio da MEDITAÇÃO, para obter equilíbrio interno e externo, alcançando a verdadeira felicidade.

Preceito nº 5

DÊ ATENÇÃO AOS SEUS HORMÔNIOS E CUIDE DELES!

Os hormônios são a grande orquestra regida pela nossa mente que podem ser afinados por meio da modulação hormonal, dos exercícios físicos e do sono regular.

Preceito nº 6

ALIMENTE-SE CINCO VEZES AO DIA COM REFEIÇÕES LEVES E SAUDÁVEIS!

Prefira fracionar sua alimentação em cinco vezes com alimentos saudáveis em pequenas quantidades a fazer três refeições pesadas.

"O mau homem vive para comer e beber, enquanto o bom homem come e bebe para viver." (Sócrates)

"Você é o que você come." (Hipócrates).

Preceito nº 7

AFINE O FUNCIONAMENTO DE SEU ORGANISMO COM SUPLEMENTOS NUTRICIONAIS!

Os suplementos nutricionais, como vitaminas e minerais não obtidos por meio de hábitos alimentares individuais, são muito importantes para a saúde.

A adoção correta e periódica de suplementos nutricionais contendo antioxidantes capazes de combater os radicais livres diminui significativamente o impacto do envelhecimento.

Preceito nº 8

EXERCITE-SE REGULARMENTE E COM PRAZER!

Seu corpo precisa de movimento.

Movimento é vida, vida é movimento.

Faça exercícios físicos de 30 minutos pelo menos três a cinco dias da semana.

(Continua)

Preceito nº 8 (Continuação)

Escolha atividades físicas prazerosas e divertidas.
Esteja consciente de que seu
corpo foi criado para se mover.
Diariamente decida:

- movimentar-se, fazer algum exercício físico;
- evitar o sedentarismo;
- abandonar a preguiça.

Preceito nº 9

CULTIVE SUA BELEZA COM
HARMONIA, AMOR E SABEDORIA!

Olhe-se no espelho e veja o melhor de si. Queira que sua imagem reflita todas as suas qualidades físicas, mentais e espirituais.
E que a beleza que você vê seja preservada através do tempo.
A verdadeira beleza é o equilíbrio entre o externo e o interno. O cuidado integral da beleza do corpo, da mente e do espírito libera a sensação de plenitude da satisfação real.

Preceito nº 10

PROTEJA SUA PELE, SUA IDENTIDADE!

Sua pele é seu contato com o mundo. Revela sua aparência, como você se trata, o quanto você se gosta. Por isso é importante cuidá-la com muito carinho.

Preceito nº 11

GERENCIE OS FATORES INTERNOS E EXTERNOS DA GESTÃO DA PELE!

Esteja consciente de que, em qualquer fase da vida, o tempo pode ser seu amigo e é você quem escolhe sua idade. Tenha a felicidade de estar vivendo na era da ciência do antienvelhecimento. É possível desacelerar o ritmo do seu relógio biológico. Comece a colocar esses conhecimentos em prática agora mesmo.

Preceito nº 12

CONHEÇA E APROVEITE OS RECURSOS DE TRATAMENTOS ESTÉTICOS!

Sinta-se feliz e confiante ao saber que pode contar com os avanços tecnológicos dos recursos científicos estéticos da gestão antienvelhecimento para melhorar cada vez mais a sua autoestima e qualidade de vida.

Notas e referências bibliográficas

Introdução

1. "As propriedades definidas para uma célula-tronco são as seguintes: 1. Ela não é terminalmente diferenciada (isto é, não é o fim de uma via de diferenciação); 2. Ela pode dividir-se de maneira ilimitada (ou pelo menos pela vida toda do animal); 3. Quando se divide, cada 'célula-filha' pode permanecer como célula-tronco ou pode tomar o caminho que leva à diferenciação terminal." BRUCE, A.; BRAY, D.; LEWIS, J.; RAFF, M.; ROBERTS, K. & WATSON, J. D. "Biologia molecular da célula". In Barth, Wilmar Luiz. *Células-tronco e bioética* – o progresso biomédico e os desafios. Porto Alegre: EDIPUCRS, 2006.
2. NULAND, S. B. *Arte de envelhecer.* Rio de Janeiro: Objetiva, 2007.
3. Sherwin B. Nuland é médico e professor de cirurgia clínica e de bioética da Yale University School of Medicine, em New Haven, e autor de inúmeros livros sobre temas relacionados à vida.

Capítulo 1 – O que é o envelhecimento

1. Doutor John J. Medina, biólogo, trabalha no desenvolvimento da biologia molecular. É consultor para pesquisas e professor afiliado de Bioengenharia da Faculdade de Medicina da Universidade de Washington, e diretor do Brain Center for Applied Learning Research, na Seattle Pacific University (EUA).
2. *The clock of ages:* why we age, how we age, winding back the clock [O relógio das idades: por que envelhecemos, como envelhecemos, retrocedendo o relógio]. Cambridge: Cambridge University Press, 1996. p. 89-90.
3. Comentário de Richard Suzman, Ph.D., diretor da Divisão de Pesquisa Social e Comportamental do Instituto Nacional do Envelhecimento (NIA), sobre a

pesquisa "An aging world: 2008" [Um mundo que envelhece: 2008], Instituto Nacional do Envelhecimento. Disponível em: www.nia.nih.gov.

4. "An aging world" [Um mundo que envelhece]. Relatório de pesquisa do Instituto Nacional do Envelhecimento, realizado pelo Departamento de Recenseamento dos EUA (www.census.gov), disponível em: www.nia.nih.gov.
5. Instituto Brasileiro de Geografia e Estatística (IBGE). "Projeção da População do Brasil por sexo e Idade – 1980-2050". Revisão 2008. Disponível em: www.ibge.gov.br/home/estatistica/populacao/projecao_da_populacao/2008/default.shtm.
6. A pesquisa foi realizada em 5.435 municípios com até 170 mil habitantes e em outros 21 localizados em estados onde apenas um ou dois municípios excederam esse teto populacional. Fonte: Instituto Brasileiro de Geografia e Estatística (IBGE). "Contagem da População 2007". Comunicação Social, 21 de dezembro de 2007.
7. *O Estado de S. Paulo*, 11 de setembro de 2009, seção Internacional.
8. "Vida longa, com R$ 380 por mês", reportagem de Monica Pereira, *O Diário de S. Paulo*, caderno de Economia, 17 de fevereiro de 2008. p. B1.
9. Programa *Roda Viva*, exibido em 23 de Janeiro de 2006. Disponível em: www.rodaviva.fapesp.br/materia/240/entrevistados/alexandre_kalache_2006.htm.
10. WHO Statistical Information System. Disponível em: www.who.int/whosis/en/index.html.
11. "Terceira idade e esperança de vida: o Brasil no cenário internacional". Instituto de Pesquisa Econômica Aplicada (IPEA), 18 de setembro de 2008. Análise de Milko Matijascic e María Piñón Pereira Dias.
12. Instituto Brasileiro de Geografia e Estatística (IBGE). Contagem da População 2007. Comunicação Social, 21 de dezembro de 2007.
13. Seguridade Social dos Estados Unidos. Disponível em: www.socialsecurity.gov.
14. Agência Estado, 17 de dezembro de 2009. Disponível em: www.estadao.com.br.
15. *Aging eye:* preventing and treating eye disease [Olho envelhecido: prevenção e tratamento das doenças oculares]. Escola de Medicina de Harvard. Massachussets: Harvard Medical School Publications, 2003-2005.
16. SAIDOFF, C. & APFEL, Stuart C. *The healthy body handbook:* a total guide to the prevention and treatment of sports injuries [O livro do corpo saudável: um guia completo para a prevenção e o tratamento de lesões no esporte]. Nova York: Demos Medical Publishing, 2004. p. 45.

17. Idem.

18. CHOPRA, D. *Corpo sem idade, mente sem fronteiras:* a alternativa quântica para o envelhecimento. Trad. Haroldo Netto. Rio de Janeiro: Rocco, 1996.

Capítulo 2 – A gestão antienvelhecimento

1. Entrevista realizada com a editora de Ciência, Arlene Weintraub, em 20 de março de 2006. *BusinessWeek* (EUA). Disponível em: www.businessweek.com/magazine/content/06_12/b3976009.htm?.
2. GOLDMAN, R. & KLATZ, R. *The official anti-aging revolution* [A revolução antienvelhecimento oficial]. Vol. 1. California: Basic Health Publications, 2003, p. 9.
3. LODGE, H. S. & CROWLEY, C. *Fique mais jovem a cada ano.* Cap. 3. Rio de Janeiro: Sextante, 2007.
4. HORIBE, K. *As oito chaves da juventude:* ensinamentos para mais vida com saúde. São Paulo: Lemos, 2003. p. 14-15.
5. Entrevista realizada com a editora de Ciência, Arlene Weintraub, em 20 de março de 2006. *BusinessWeek* (EUA). Disponível em: www.businessweek.com/magazine/content/06_12/b3976009.htm?.
6. HORIBE, K. Op. cit., p. 14-15.

Capítulo 3 – O corpo visto como um todo

1. BIGNARDI, F. A. C.; RAMOS, L. R., et al. *Protocolo de medicina transdisciplinar.* São Paulo: Universidade Federal de São Paulo – Unifesp, s/d. Disponível em: www.redebrasileiradetransdisciplinaridade.net.
2. A revolução científica moderna teve início com Nicolau Copérnico, que desenvolveu um modelo matemático em que o Sol era o centro do cosmo e a Terra um astro girando em torno dele. Esta descoberta mudou a maneira como o homem antigo e medieval do Ocidente via a si e ao mundo do qual fazia parte.
3. Concílios de Latrão, em 1123 ,1139, 1179, 1213, e de Trento, em 1542.

4. A primeira Inquisição foi o movimento da Igreja Católica Romana, criado no século XIII, que perseguiu, torturou e matou indivíduos considerados inimigos da fé; que incluía desde os que acreditavam em forças desconhecidas que marcavam a união do homem com o universo e a natureza, até estudiosos e cientistas que pudessem, de alguma maneira, questionar as ideias defendidas pela Igreja. Um dos mais famosos julgamentos da Inquisição foi o do cientista Galileu Galilei, processado e condenado a uma espécie de prisão domiciliar por defender a tese de Nicolau Copérnico de que era o Sol, e não a Terra, que estava no centro do universo, ao contrário do que sustentavam os papas. Yenne, Bill. 100 homens que mudaram a história do mundo. São Paulo: Ediouro, 2004.
5. Inspirada nos movimentos científicos do século XVII e nas teorias de Galileu Galilei, Isaac Newton e Renée Descartes, o mecanicismo influenciou o conceito materialista da vida, considerando os organismos como "mecanismos comandados por um conjunto de elementos e forças fisicoquímicas", explica José Ramón Ayllón em seu livro *En torno al hombre*, 8.ed., Madri: Rialp, 2001. p. 40-41.
6. Sob o ponto de vista da iatromecânica, o organismo humano poderia ser esquematizado com base em modelos mecânicos.
7. NULAND, S. B. *A arte de envelhecer.* Rio de Janeiro: Objetiva, 2007. p. 23.
8. LOPES, O. C. *A medicina no tempo.* São Paulo: Faculdade de Ciências Médicas da Santa Casa de São Paulo, 1968/1969. p. 25-27.
9. CUELLAR, N. G. (ed.)*Conversations in complementary and alternative medicine:* insights and perspectives from leading practitioners [Debates sobre medicina complementar e alternativa: ideias e perspectivas de praticantes precursores]. Boston: Jones and Bartlett's, 2006. p. 65-66.
10. Esta universidade fica na Califórnia (EUA). As informações sobre a MTC são do doutor Maoshing Ni, D.O.M. Ph.D., e de Roger Jahnke, O.M.D., da Qigong Association, Minesotta (EUA). Publicadas em GOLDBERG, B.; TRIVIERI, L. e ANDERSON, J. W. (org. ed.). *Alternative medicine:* the definitive guide [Medicina alternativa: o guia definitivo]. 2.ed. Califórnia: Celestial Arts, 2002. p. 456-57.
11. Em 2005, o Ministério da Saúde apresentou a Política Nacional de Medicina Natural e Práticas Complementares (MNPC) para o Sistema Único de Saúde (SUS), aprovada pela Portaria MS/GM n. 971, de 3 de maio de 2006, determinando a inclusão de acupuntura, homeopatia, fitoterapia e termalismo social/crenoterapia aos serviços públicos de saúde.

12. DE MARCO, M. A. (org.) apud OLIVEIRA, A. B. "Evolução da medicina até o início do século XX", Secretaria do Estado da Cultura, Livraria Pioneira, 1981, São Paulo. In: *A face humana da medicina:* do modelo biomédico ao modelo biopsicossocial, São Paulo: Casa do Psicólogo, 2003. p. 25.

13. THORWALD, J. *O segredo dos médicos antigos.* São Paulo: Melhoramentos, 1990. p. 26.

14. SÁNCHEZ GONZÁLEZ, M. Á. *Historia, teoría y método de la medicina:* introducción al pensamiento médico [História, teoria e método da medicina: introdução ao pensamento médico]. Barcelona: Masson, 2002. p. 112-14.

15. ESTEBAN, R. G. *El médico como persona en la relación médico-paciente* [O médico como pessoa na relação médico-paciente]. Madri: Editorial Fundamentos, 2002.

16. BARRY, J. C. "Medicine in Japan: its development and present status" [A medicina no Japão: seu desenvolvimento e sua prática atual]. *Journal of Race Development.* Abril, 1912. p. 455-79. Disponível em: http://e-asia.uoregon.edu/easia/nufound.cfm.

17. DOSSEY, L. *Reinventando a medicina.* São Paulo: Cultrix, 1997. p. 16.

18. WOODSIDE, M. R. & MCCLAM, T. *An introduction to human services* [Introdução à assistência social]. 5ª ed. California: Thomson Brooks/Cole, 2006. p. 124-25.

19. Hormônios bioidênticos são substâncias que possuem a mesma estrutura química e molecular encontrada nos hormônios produzidos naturalmente pelo nosso corpo.

Capítulo 4 – 1º Pilar – Mente e corpo

1. A homeopatia trata os pacientes em sua totalidade. Os medicamentos homeopáticos utilizam substâncias e produtos provenientes dos três reinos da natureza: vegetal, mineral e animal. Essa terapêutica usa a energia própria dos medicamentos, produzidos com uma técnica específica (dinamização) para reequilibrar a energia vital dos indivíduos.

2. A homeopatia chegou à Índia por volta de 1835, por intermédio de um médico inglês e ali criou raízes profundas. Em pouco tempo, este país abrigava "a maior concentração de médicos homeopatas, com a maior clientela. No sistema Ayurveda, os indianos estavam habituados a serem tratados como 'pessoas' doentes, com

constituição individual e reações individuais à doença: duas pessoas com tosse não receberiam o mesmo remédio — haveria diferença na medicação e até mesmo na alimentação recomendada. Como essa forma de tratamento é característica também da homeopatia, o povo não teve dúvidas em adotá-la". Fonte: Dr. Jugal Kishore, ex-presidente do Conselho Central de Homeopatia da Índia e da Liga de Medicina Homeopática da Ásia, de 1976 a 1991. Disponível em: www.taps.org.br/Paginas/terhomeop01.html.

3. No Brasil, a homeopatia é reconhecida pelo Conselho Federal de Medicina e é disponibilizada pelo Sistema Único de Saúde (SUS). Os especialistas cursam três anos de pós-graduação, recebendo o diploma após aprovação em prova aplicada pela Associação Médica Homeopática Brasileira (AMHB), filiada à Associação Médica Brasileira (AMB). A homeopatia não deve ser confundida com a Fitoterapia, que usa produtos à base de plantas, sem a utilização de substâncias ativas isoladas.

4. LOVALLO, W. R. *Stress & health:* biological and psychological interactions [Estresse e saúde: interações biológicas e psicológicas]. California: Sage Publications, 2005. p. 1. Lovallo é doutor em Psicologia Biológica, estudioso da relação entre estresse, resposta biológica e suas implicações na saúde, diretor do Behavioral Sciences Laboratories, de Virginia Medical Center e professor de Psiquiatria e Ciências do Comportamento da Universidade de Oklahoma Health Sciences Center (EUA).

5. Walter Cannon foi pioneiro no estudo do estresse e criador do termo homeostasia, que é o processo natural do organismo vivo de reparar o dano causado por estímulos de qualquer tipo.

6. WATKINS, Alan (ed.). *Mind-body medicine: a clinician's guide to psychoneuroimmunology* [Medicina mente-corpo: um guia clínico para a psiconeuroimunologia]. Londres: Churchill Livingstone, 1997. Prefácio, p. xi. Watkins é palestrante honorário na área de neurociência e medicina psicológica do Imperial College Medicine School, tradicional universidade do Reino Unido.

7. GOLDBERG, B.; TRIVIERI, L. & ANDERSON, J. W. "Mind/Body Medicine" [Medicina mente-corpo]. In: *Alternative medicine:* the definitive guide [Medicina alternativa: o guia definitivo]. California: Celestial Arts, 2002. p. 334.

8. Candace B. Pert, Ph.D., é psicofarmacologista, pioneira na área da psiconeuroimunologia, ex-professora do Departamento de Fisiologia e Biofísica na Georgetown University School of Medicine, em Washington D.C. É autora do livro *Molecules of*

emotion: the science behind mind-body medicine [Moléculas da emoção: a ciência por trás da medicina mente-corpo]. Nova York: Simon & Schuster, 1999.

9. LIPTON, B. H. *A biologia da crença:* ciência e espiritualidade na mesma sintonia – o poder da consciência sobre a matéria e os milagres. Trad. Yma Vick, São Paulo: Butterfly, 2007. Lipton, é biólogo celular, pesquisador científico e um dos pioneiros em aplicar os princípios da física quântica no campo da biologia celular.

10. Segundo o professor Almir Caldeira, ao explicar os resultados de suas pesquisas "sobre a intensidade da radiação emitida por um radiador ideal – o corpo negro – Planck estabeleceu o valor de uma nova constante universal que ficou conhecida como a constante de Planck". Almir O. Caldeira é professor do Instituto de Física Gleb Wataghin da Universidade Estadual de Campinas (Unicamp), São Paulo. O artigo referido, de 10 de maio de 2001, está disponível em www.comciencia.br/reportagens/fisica/fisica02.htm.

11. *ComCiência* é uma revista eletrônica de jornalismo científico, que tem apoio da Sociedade Brasileira para o Desenvolvimento da Ciência, coordenada pela Universidade Estadual de Campinas (Unicamp), São Paulo.

12. "De acordo com a teoria da relatividade, o espaço não é tridimensional e o tempo não constitui uma entidade isolada", explica o físico Fritjof Capra, "(...) portanto, nunca podemos falar do espaço sem falar acerca do tempo e vice-versa. (...) Nesse caso, dois eventos que são vistos ocorrendo simultaneamente por um observador, podem ocorrer em diferentes sequências temporais para outros observadores. (...) Os conceitos de espaço e tempo são tão básicos para a descrição dos fenômenos naturais, que sua modificação impõe a modificação de todo o referencial que utilizamos para descrever a natureza. A consequência mais importante dessa modificação é a compreensão de que a massa nada mais é do que uma forma de energia." CAPRA, F. *O Tao da física:* um paralelo entre a física moderna e o misticismo oriental. São Paulo: Cultrix, 2006. p. 54.

13. Idem, p.51.

14. GOSWAMI, A. *A física da alma.* Série Novo Pensamento. São Paulo: Aleph, 2005. p. 81.

15. O doutor Fernando Bignardi é médico gerontólogo, psicoterapeuta, homeopata e consultor pessoal e corporativo na área da sustentabilidade. Coordenador do Centro de Estudos do Envelhecimento da Unifesp e diretor fundador do Centro de Ecologia Médica "Florescer na Mata".

16. TANIGUCHI, M. *A verdade da vida.* Vol. 2, Da Essência (parte II). 14ª ed. São Paulo: Seicho-No-Ie do Brasil, 2006.

17. PEALE, N. V. *O poder do pensamento positivo.* 78ª ed. São Paulo: Cultrix, 2006.

18. CHOPRA, D. *Saúde perfeita.* São Paulo: Best Seller, 1990. p. 153-54.

19. NULAND, S. B. *A arte de envelhecer.* São Paulo: Objetiva, 2007. p. 18 e 31.

20. GOLEMAN, D., Ph.D. *A arte da meditação:* um guia para a meditação. 5ª ed. Rio de Janeiro: Sextante, 1999.

21. Baseado no relatório Meditation practices for health: state of the research [Prática de meditação para a saúde: estado e pesquisa] realizado na Universidade de Alberta, Canadá de junho de 2007 e publicado pelo National Center of Complementary and Alternative Medicine [Centro Nacional de Medicina Complementar e Alternativa], do National Institute of Health [Instituto Nacional da Saúde] do governo dos Estados Unidos. Disponível em: www.ahrq.gov/downloads/pub/evidence/pdf/meditation/medit.pdf.

22. DEURR, M. *A powerful silence: the role of meditation and other contemplative practices in American life and work.* [Uma ciência poderosa: o papel da meditação e outras práticas contemplativas na vida e no trabalho dos norte-americanos]. Northampton, MA: Center for Contemplative Mind in Society, 2004. Citado em: www.ahrq.gov/downloads/pub/evidence/pdf/meditation/medit.pdf.

23. U.S. National Library of Medicine [Biblioteca Nacional de Medicina dos EUA] – National Institute of Health [Instituto Nacional da Saúde]. Disponível em: www.ncbi.nlm.nih.gov/pubmed.

24. CARDOSO, R. *Medicina e meditação:* um médico ensina a meditar 2ª ed. São Paulo: MG Editores, 2005. p. 100.

25. CARDOSO, R.; DE SOUZA, E.; CAMANO, L. e LEITE, J. R. "Meditation in health: an operational definition". *Brain Res Brain Res Protoc.* 2004; 14: 58-60.

26. CARDOSO, S. H., Ph.D. "Entendendo os sonhos", artigo publicado na revista *Cérebro & Mente*, ed 02, junho-agosto de 1997, Universidade Estadual de Campinas – Unicamp.

27. TANIGUCHI, Masaharu, 1893-1985. Shinsokan. 35ª ed. São Paulo: Seicho-No-Ie do Brasil, 2007.

28. Idem nota 24.

29. CARDOSO, R. *Medicina e meditação:* um médico ensina a meditar. 2ª ed. São Paulo: MG Editores, 2005.

30. Citado por Roberto Cardoso em *Medicina e meditação:* um médico ensina a meditar. 2a ed. São Paulo: MG Editores, 2005. p. 110.

31. Ver nota 6.

Capítulo 5 – 2º Pilar – Modulação hormonal

1. GARCÍA SÁINZ, J. A. *Hormonas:* mensajeros químicos y comunicación celular [Hormônios: mensageiros químicos e comunicação celular]. 2ª ed. México: Fondo de Cultura Económica, 2002. Sáinz é médico cirurgião e doutor em Ciências Químicas, diretor do Instituto de Fisiologia Celular da Universidade Nacional Autônoma do México (Unam).
2. Idem.
3. Baseado em *Antiaging:* vive más años sintiéndote más joven [Antienvelhecimento: viva mais anos sentindo-se mais jovem], dos médicos Julian Bayón e Manuel Sánchez. Barcelona: Bresca, 2007. Bayón e Sánchez são médicos e membros da Academia Americana de Medicina Antienvelhecimento (EUA) e da Sociedade Britânica para a Pesquisa sobre Antienvelhecimento (RU).
4. Idem.
5. KLATZ, R. & GOLDMAN, R. *The new anti-aging revolution:* stopping the clock for a younger, sexier, happier you [A nova revolução antienvelhecimento: parando o relógio para torná-lo(a) mais jovem, sexy e feliz]. 3ª ed. California: Basic Health Publications, 2003. p. 61-62.
6. Publicado no *New England Journal of Medicine.*
7. Idem nota 3, em tradução livre.
8. Idem nota 3, p. 44.
9. Idem nota 5.
10. Programa de pesquisa para tratar das causas mais comuns de morte, incapacidade e má qualidade de vida das mulheres na pós-menopausa: doença cardiovascular, câncer e osteoporose.
11. Idem nota 5, p. 134.
12. Idem nota 3.

Capítulo 6 – 3º Pilar – Alimentação antienvelhecimento

1. A pesquisa BRAZilian Osteoporosis Study (Brazos) teve patrocínio do laboratório Wyeth Consumer Healthcare e acompanhou a ingestão alimentar de uma amostra representativa da população brasileira maior de 40 anos. Foram

entrevistadas, porta a porta, 2.420 pessoas em 150 cidades das cinco regiões (Norte, Nordeste, Centro-Oeste, Sudeste e Sul) do país, pertencentes a cinco categorias de nível econômico (de A a E). Disponível em: www.wyeth.com.br/br/noticiasinterna.asp?id=474.

2. WORLD HEALTH ORGANIZATION. "10 facts on nutrition" [Dez fatos relacionados à nutrição], 16 de junho de 2008. Disponível em: www.who.int/features/factfiles/nutrition/en/index.html.

3. Jocelem Salgado é autora de vários livros sobre alimentação e nutrição. É professora titular de Nutrição do Departamento de Agroindústria, Alimentos e Nutrição da Escola Superior de Agricultura Luiz de Queiroz da Universidade de São Paulo (Esalq/USP/Piracicaba), onde orienta trabalhos de pesquisa nos níveis Pós-Doutorado, Doutorado, Mestrado e Iniciação científica para alunos do Brasil e do Exterior. Informações disponíveis em: www.jocelemsalgado.com.br.

4. TARRY-ADKINS, J. L.; CHEN, J. H.; SMITH, N. S.; JONES, R. H.; CHERIF, H. & OZANNE, S. E. "Poor maternal nutrition followed by accelerated postnatal growth leads to telomere shortening and increased markers of cell senescence in rat islets" [Nutrição maternal pobre em nutrientes seguida de crescimento pós-natal acelerado conduzem à diminuição do telômero e ao aumento dos marcadores celulares relativos ao envelhecimento em ratos]. *The Faseb Journal*. 2009; 23: 1521-1528.

5. BULL, C. F. & FENECH, M. F. "Genome-health nutrigenomics and nutrigenetics: nutritional requirements or 'nutrinomes' for chromosomal stability and telomere maintenance at the individual level" [Nutrigenética e nutrigenômica do genoma saudável: necessidades nutricionais ou "nutrinômos" para a estabilidade cromossômica e manutenção dos níveis individuais do telômero]. *Proceedings of the Nutrition Society*. Cambridge University Press, 2008; 67(2):146-156. Disponível em: http://hdl.handle.net/2440/54180.

6. O cientista norte-americano Ancel Benjamin Keys (1904-2004) foi o criador da tradicional dieta mediterrânea.

7. Michel de Lorgeril é cardiologista e especialista em Nutrição. Trabalha em um laboratório do CNRS (Centre National de la Recherche Scientifique) da Universidade de Grenoble/França.

8. Ministério da Saúde e Bem-estar do Japão.

9. Horibe, K. Médico Ph.D. *As 8 chaves da juventude:* ensinamentos para mais vida com saúde. São Paulo: Lemos, 1990. p. 33.

10. Idem, ibidem.
11. Center for Nutrition Policy and Promotion [Centro para Regulamentação e Promoção Nutricional], organização do Departmento de Agricultura dos Estados Unidos.
12. A pirâmide alimentar foi criada para ajudar as pessoas a entender, com o uso também de uma ilustração, como equilibrar a sua dieta alimentar diária. Os alimentos são agrupados de acordo com as suas funções e seus nutrientes.
13. Idem nota 3.
14. "Determinación de las necesidades de energía y proteínas para la población de diez países latinoamericanos" [Determinação das necesidades energéticas e protéicas para a população em dez países latino-americanos]. Comisión Económica para América Latina y el Caribe (Cepal), 1991.

Capítulo 7 – 4º Pilar – Suplementos nutricionais

1. HORIBE, K. Médico Ph.D. *As chaves da juventude.* São Paulo: Lemos, 2003. p. 55.
2. Idem, ibidem.
3. Idem, ibidem.
4. Aulus Cornelius Celsus (25 a.C. - 50 d.C.), enciclopedista romano, foi autor de 8 livros que constituem o Tratado de Medicina.

Capítulo 8 – 5º Pilar – Exercícios regulares

1. Vitor Matsudo é médico do esporte e ortopedista, consultor para Área da Atividade Física da Organização Mundial de Saúde. Entrevista ao jornal *Folha de S. Paulo*, abril de 2004.
2. Fonte: The Disuse Syndrome (commentary), BORTZ, W.M.I.I. *Western Journal of Medicine*, 1984, november, 141:691-694. Bortz é professor da Stanford University School of Medicine (Estados Unidos).
3. Idem, ibidem.
4. Dr. Pratt é Chefe do departamento de Atividade Física e Saúde do Centro para Prevenção e Controle de Doenças do governo norte-americano – CDC, co-líder do Centro de Colaboração de Atividade Física e Saúde da Organização Mundial de Saúde do CDC, e o fundador e diretor do CDC – IUHPE, Curso de Atividade Física e Saúde Pública. Dr. Pratt é professor substituto na Emory, Texas, Austin e na Escola de Saúde Pública da San Diego State University.

5. Segundo boletim da Organização Panamericana de Saude – OPS, de agosto de 2009. Disponível em: http://new.paho.org/arg/index.php?option=com_content&task=view&id=338&Itemid=226
6. Idem, ibidem.
7. O estudo Vigilância de Fatores de Risco e Proteção para Doenças Crônicas por Inquérito Telefônico (Vigitel), foi realizado em parceria com o Núcleo de Pesquisas Epidemiológicas em Nutrição e Saúde da Universidade de São Paulo (USP), nas 26 capitais e no Distrito Federal entre abril e dezembro de 2008.
8. O programa Agita São Paulo foi criado, a pedido da Secretaria de Saúde estadual, em 1996, pelo Centro de Estudos do Laboratório de Aptidão Física de São Caetano do Sul – CELAFISCS.
9. SPIRDUSO, W. W. *Dimensões físicas do envelhecimento*, Introdução, p. xi. Barueri: Manole, 2005.
10. "Atividade Física e Saúde no Idoso". In: TERRA, N. L.; DA SILVA, R.; SCHMIDIT, O. F. (orgs.). *Tópicos de Geriatria II*, 2007. Instituto de Geriatria e Gerontologia da Pontifícia Universidade Católica do Rio Grande do Sul (PUC/RS). Porto Alegre: EDIPUCRS. Carlos Alberto Werutsky é mestre em Ciências do Movimento Humano, médico nutrólogo e coordenador do Departamento de Atividade Física e Exercício da Associação Brasileira de Nutrologia – Abran.
11. *O idoso e a atividade física* – fundamentos e pesquisa. 5ª ed. Campinas: Papirus Editora, 2009. p. 52-53. Silene Sumire Okuma é Docente da Universidade de São Paulo, na Escola de Educação Física e Esporte, no Departamento de Pedagogia do Movimento do Corpo Humano.
12. http://www.sciencedaily.com/releases/2008/01/080128165734.htm.
13. Os telômeros oferecem proteção às células, mas, conforme as pessoas vão envelhecendo, eles vão naturalmente diminuindo de tamanho, deixando-as mais vulneráveis a danos e à morte.
14. Sandra Marcela Mahecha Matsudo é doutora em Ciências pela Universidade Federal do Estado de São Paulo (Unifesp) e coordenadora geral do Centro de Estudos do Laboratório de Aptidão Física de São Caetano do Sul – CELAFISCS (São Paulo). Artigo disponível em coluna de sua autoria no: http://www.educacaofisica.com.br/colunas_mostra_artigo.asp?id=363.
15. LAMBERTUCCI, R. H. *Envelhecimento e atividade física.* Universidade Cruzeiro do Sul, p. 24, 25/11/2009.

16. John J. Medina é estudioso do desenvolvimento molecular e consultor pesquisador, professor de Bioengenharia da University of Washington School of Medicine, e diretor do Brain Center for Applied Learning Research at Seattle Pacific University.

17. *Brain Rules*, Pear Press, Seattle, Washington, 2009. Resumo disponível no site: http://www.brainrules.net/.

18. http://www.nia.nih.gov/healthinformation/publications/exercise.htm.

19. CHOPRA, D. *Corpo sem idade, mente sem fronteiras.* 4ª ed. São Paulo: Editora Rocco, 1996. p. 107-108.

Capítulo 9 – 6º Pilar – Estética

1. PIANIGIANI, O. *Vocabolario etimologico della lingua italiana.* [Vocabulário etimológico da língua italiana]. Segati: Società editrice Dante Alighieri di Albrighi, 1907. Disponível em: www.etimo.it.

2. Andreas Vesalius (1514-1564), médico belga, foi professor de anatomia em Pádua. É considerado o criador da anatomia moderna e autor de um dos mais importantes livros da área, *De Humani Corporis Fabric* [A fábrica corporal humana]. O livro original pode ser folheado e lido no site da Biblioteca Nacional de Medicina dos EUA, em: http://archive.nlm.nih.gov/proj/ttp/flash/vesalius/vesalius.html.

3. O fisósofo alemão Alexander Gottlieb Baumgarten (1714 –1762) criou o termo estética para o estudo da beleza como ciência da sensibilidade. A estética é um ramo da Filosofia que trata da essência e da percepção da beleza e da lealdade, expressada por meio da arte. Contrapõe-se à lógica, ciência do saber intelectual ou razão. O termo Estética foi introduzido na Filosofia em 1753 pelo alemão Alexander Gottlieb Baumgarten (1714-1762). Na Grécia antiga, os filósofos Platão e Aristóteles já haviam abordado a questão ao falar da arte como imitação da realidade, considerando a estética inseparável da moral e da política.

4. BUTLER, H. *Poucher's perfumes, cosmetics and soaps.* 10ª ed. William Arthur Poucher (ed.). Massachusetts: Kluwer Academic Publisher, 2000.

5. Museu da The Royal Pharmaceutical Society of Great Britain [Sociedade Farmacêutica Real da Grã Bretanha]. Disponível em: www.rpsgb.org.

6. Idem, ibidem.

7. Idem, ibidem. *History of cosmetics* [A história dos cosméticos].

8. Associação Brasileira da Indústria de Higiene Pessoal, Perfumaria e Cosméticos (ABIHPEC). Disponível em: www.abihpec.org.br.

9. VILHENA NOVAES, J. de. *O intolerável peso da feiura*. Novaes é doutora em Psicologia Clínica pela Pontifícia Universidade Federal do Rio de Janeiro (PUC/RJ), onde coordena o Núcleo de Doenças da Beleza do Laboratório Interdisciplinar de Pesquisa e Intervenção Social (LIPIS).
10. Idem, ibidem.
11. GILMAN, S. L. *Making the body beautiful:* a cultural history of aesthetic surgery [Tornando o corpo bonito: uma história cultural da cirurgia estética]. Princeton: Princeton University Press, 2001. Gilman é professor de Liberal Arts and Sciences [Ciências Artísticas e Liberais] e de Psiquiatria da Emory University (EUA).
12. Baseado em texto da The American Society of Plastic Surgeons [Sociedade Americana de Cirurgiões Plásticos]. Disponível em: www.plasticsurgery.org.
13. GROGAN, S. *Body image:* understanding body dissatisfaction in men, women, and children [Imagem corporal: entendendo a insatisfação corporal em homens, mulheres e crianças]. London: Psichology Press – Routledge, 2008.
14. ÖBERG, P. "Images versus experience of the aging body" [Imagens versus experiências do corpo em envelhecimento]. In: FAIRCLOTH, C. A. *Aging bodies:* images and everyday experience [Corpos em envelhecimento: imagens e experiências diárias]. Oklahoma: Altamira Press, 2003.

Capítulo 10 – A pele

1. MEDINA, J. J. *The clock of ages:* why we age, how we age, winding back the clock [O relógio das idades: porque envelhecemos, como envelhecemos, retrocedendo o relógio]. Cambridge: Cambridge University Press, 1996.
2. Idem, ibidem.
3. Idem, ibidem.

Capítulo 11 – O envelhecimento da pele

1. EBY, M. M. & GAZELLA, K. A. *Return-Beautiful-Skin-Easyread* [Retorno-Bonita-Pele-Leitura fácil]. California: Basic Health Publications, 2008. p. 59.
2. NACHTIGALL, L.; NACHITIGALL, R. D. & HEILMEN, J. R. *What every woman should know:* staying healthy after 40 [O que toda mulher deveria saber: mantendo-se saudável após os 40]. Nova York: Warner Books, 1995.

3. Sociedade Brasileira de Dermatologia (SBD). Disponível em: <www.sbd.org.br>.
4. EPEL, E. S. "Accelerated telomere shortening in response to life stress" [Redução acelerada do telômero em resposta ao estresse da vida]. *Proc Natl Acad Sci USA*, 7 de dezembro de 2004; 101(49): 17312-5.
5. *Journal of the American Medical Association*. Disponível em: http://archderm.ama-assn.org/cgi/content/full/143/11/1401.
6. MOSLEY, J. G. & GIBBS, A. C. C. "Premature grey hair and hair loss among smokers: a new opportunity for health education?" [Cabelos grisalhos prematuros e queda de cabelos entre os fumantes: uma nova oportunidade para o aprendizado sobre a saúde?]. *BMJ*. volume 313, 21-28 de dezembro de 1996. Disponível em: www.ncbi.nlm.nih.gov/pmc/articles/PMC2359122/pdf/bmj00573-0052.pdf.
7. KLATZ, R. & GOLDMAN, R. *The official anti-aging revolution* – stop the clock, time is on your side [A revolução oficial antienvelhecimento – pare o relógio, o tempo está do seu lado]. Vol. 3, California: Basic Health Publications, 2008.
8. GIAMPAPPA, V.; PERO, R. & ZIMMERMAN, M. *A solução para não envelhecer:* 5 passos para você se manter sempre jovem. São Paulo: Cultrix, 2005. p. 19.
9. SAMPAIO, S. A. & RIVITTI, E. A. *Dermatologia*. São Paulo: Artes Médicas, 1998. p. 632.

Capítulo 12 – Principais tratamentos estéticos antienvelhecimento

1. DREIFUS, C. "A conversation with Peter Agre: using a leadership role to put a human face on science" [Uma conversa com Peter Agre: utilizando um papel de liderança para colocar um rosto humano na ciência]. *The New York Times*, 26 de janeiro de 2009.
2. A telomerase foi identificada por Elizabeth Blackburn e Carol Greider. A identificação desta enzima, aliada aos estudos de cromossomas das leveduras conduzidos por Jack Szostak desde a década de 1980, valeu o Prêmio Nobel 2009 de Fisiologia ou Medicina a estes cientistas norte-americanos. A importância do seu trabalho está sintetizada na frase (tradução livre) da premiação: "pela descoberta de como os cromossomas são protegidos pelos telômeros e a enzima telomerase". Disponível em: http://nobelprize.org/nobel_prizes/medicine/laureates/2009/.

3. BODNAR, A. G.; OUELLETTE, M.; FROLKIS, M., et al. "Extension of life-span by introduction of telomerase into normal human cells" [Aumento da longevidade pela introdução da telomerase em células humanas normais]. *Science*, 16 de janeiro de 1998. Vol. 279, nº 5.349, p. 349-52

4. Células-tronco ou células-mãe são aquelas que têm capacidade de multiplicar-se e de diferenciar-se em vários tecidos do corpo humano, como ossos, sangue, músculos etc.

5. LAMBLET, H. & CONDE-GREEN, A. "Optimized autologous fat grafting with adipose derived stem cells within the operating room" [Lipoenxertia autóloga otimizada com gordura derivada de células-tronco na sala de operação]. Abstract do 20º Congresso da International Society of Aesthetic Plastic Surgery (ISAPS) de 2010. p. 85.

6. DE FAZIO, D. & GRISOTTI, A. "Buttocks augmentation with stem cells enriched fat injections" [Aumento de glúteos com células-tronco enriquecidas com lipoinjeções]. Abstract do 20º Congresso da International Society of Aesthetic Plastic Surgery (ISAPS) de 2010. p. 74.

7. GANDOLFI, E. "Gland and adipose tissue augmentation after micro fat grafting for aesthetic breast enlargement with different methods: quantitative evaluation with 3D MRI" [Aumento de glândula e tecido adiposo após o microenxerto de gordura para estética mamária com métodos diferentes: avaliação quantitativa com 3D MRI]. Abstract do 20º Congresso da International Society of Aesthetic Plastic Surgery (ISAPS) de 2010. p. 66.

8. "Dimethylaminoethanol (DMAE) – Dimethylaminoethanol or deanol", artigo disponível em: www.nhiondemand.com/ViewContent.aspx?mgid=527.

9. Integra também o Programa de Gestão de Idade®, que pode ser iniciado a partir dos 25 anos de idade.

10. HORIBE, E. K.; FERREIRA, L. M.; HORIBE, E. K.; LIMA, A. H. de; CRUZ, N. "Erbium: YAG Laser versus blue peel in the treatment of photoaging hands" [Laser YAG *versus blue peel* para o tratamento do fotoenvelhecimento das mãos]. *Journal of Clinical Laser Medicine & Surgery*. Vol. 20, nº 4, 2002. p. 207-13.

11. HORIBE, E. K.; HORIBE, K. & YAMAGUCHI, C.T. "Pronounced nasolabial fold: a surgical correction" [Dobra nasolabial pronunciada: uma correção cirúrgica]. *Aesthetic Plast Surg*. 1989; 13(2):99-103. Disponível em: www.ncbi.nlm.nih.gov/pubmed/2741758.

12. HORIBE, E. K. & SALLES, A. G. "Preenchimento com enxertia autógena". Capítulo 25. In: HORIBE, E. K. *Estética clínica e cirúrgica*. Rio de Janeiro: Revinter, 2000. p. 177-84.

13. WATSON, D.; KELLER, G.S.; LACOMBE, V. et alii. Autologou fibroblasts treatment of facial rhytids and dermal depressions. *Arch Facial Plast Surg*. 1999. p. 165-70.

14. SULAMANIDZE, M. A. & SULAMANIDZE, G. M. A novel option of uninterrupted closure of surgical wounds® [Uma nova opção de fechamento ininterrupto de feridas cirúrgicas.]. *J. Cutan Aesthet Surg*. 2009 Jul-Dez; 2(2): 81-87. Disponível em: www.ncbi.nlm.nih.gov/pmc/articles/PMC2918345.

15. HORIBE, E. K. & HORIBE, K. "Mini lifting systematization in younger patients" [Sistematização de mini-liftings em pacientes jovens]. Transações do 11º Congresso da International Confederation for Plastic Reconstructive Aesthetic Surgery. p. 169, Yokohama, Japão, 16 a 21 de abril de 1995. Editado por K. Harii, coeditores S. Torii, T. Nakajima, H. Aoyama e K. Matsuo, Kugler Publications, Amsterdam/New York.

16. Pesquisa Datafolha encomendada à Sociedade Brasileira de Cirurgia Plástica (SBCP). De um total de 629 mil procedimentos de médio e grande porte realizados em 2008, 151 mil foram de mama (33%) e outros 91 mil de lipoaspiração (20%). Publicada no jornal *Folha de S. Paulo*, coluna Saúde, 13 de fevereiro de 2009.

17. HORIBE, E. K. *Estética clínica e cirúrgica*. Rio de Janeiro: Revinter, 2000.

18. HORIBE, E. K.; HORIBE, K.; HORIBE, E. K.; HIRAI, T. J. Contruction of the superior orbitopalpebral crease in asian eyelids. *Operative Tecniques in Oculoplastic Orbital and Reconstructive Surgery*. Vol. 2. n. 3. 1999. p. 142-9.

19. HORIBE, E. K.; HORIBE, K. & LODOVICI, O. "Lifting of the eyebrows in blepharoplasties" [Lifting das sobrancelhas em blefaroplastias]. *Aesthetic Plast Surg*. 1989; 13(3):179-82. Disponível em: www.ncbi.nlm.nih.gov/pubmed/2801299.

20. Idem, ibidem 5, 6 e 7.

Caro leitor,

Queremos saber sua opinião sobre nossos livros. Após sua leitura, acesse nosso site (www.editoragente.com.br), cadastre-se e contribua com sugestões, críticas e elogios.

Boa leitura!

Contato dos autores:
draedith@clinicahoribe.com.br
drhoribe@clinicahoribe.com.br

Este livro foi impresso
pela Prol Gráfica
em papel *offset* 75 g.